人物叢書

新装版

淀君

よど　ぎみ

桑田忠親

日本歴史学会編集

吉川弘文館

淀君消息（滋賀県長浜市　知善院所蔵）

たひ〳〵秀頼わか身かたへ御たよりとも給候て御うれしさ、いく千とせまてもといわひ入まいらせ候。わかさへの御返事もまいらせ候まゝ、御とゝけ候て給候へく候。わさといわひまいらせ候て、金子五枚まいらせ候。めてたくいく久しく申うけ給候へく候。めてたく、又ゝかしこ。

ひとひハ御さうさに御くたり候て、御うれしく思ひまいらせ候。御とうりうのうちに、こま〳〵しき御事も御入候ハて、しよさいのやうにおほしめし候ハんと、心の外に思ひまいらせ候。めてたく、又やかて〳〵御のほりまち入まいらせ候。かしこ。

廿七日

さい将殿
申給へ　　　あこ

淀君母お市の方画像

（和歌山県　高野山持明院所蔵）

はしがき

私が、淀君という女性に興味をもち、公務の片手間にその研究に志したのは、決して近頃のことではない。講談本や時代小説も少年の頃から好きだったので、淀君に関するものは大体読みあさってきた。

物語や小説の方では、淀君は妖艶(ようえん)な美女で、しかも淫蕩的(いんとうてき)な婦人だったということになっている。太閤との中に儲けた愛児秀頼も、実は石田三成、または大野治長と不義・密通の結晶であったとか、太閤の寵遇(ちょうぐう)を一身にさらい、正妻北の政所とは頗る不仲であった。その暗闘が太閤の死後に表面化した。それが関ヶ原合戦や大坂陣である、などと説いている。彼女はまた、なかなかの奸婦(かんぷ)であって、浪人志士の真田(さなだ)幸村(ゆきむら)や塙(ばん)団右衛門なども、彼女を大野治長と同様に、大坂城内での獅子身中の蟲と見なしていたという。果たして、そうであろうか。

歴史的事実というものは、物語や小説ほど派手なものではない。実在の人物の性格や行動も、そうである。淀君に関することは、一体に、潤飾（じゅんしょく）・誇張されているようだ。面白く出来すぎているのである。淀君が、絶世の美人か否か、稀代（きだい）の奸婦かどうかも、頗る疑問であろう。

淀君に関する正確な文献史料は案外に少ない。画像も確かなものが伝わっていないし、自筆の手紙も殆んど見当らない。これまでは二通ばかりあるといわれていたが、その二通とも、「あこ」という侍女の代筆だということを、こんど証明しておいた。呼び名は「おちゃちゃ」だが、通称の方は、或る期間によって、「淀の女房」「二の丸殿」「西の丸殿」と改まっている。いつも、「淀殿」と呼ばれていたわけではない。まして、「淀君」などとは、江戸時代の称呼であって、彼女の生存中に、そんな呼び方をされた例は一回もないのだ。しかし、われわれは、講談本や時代小説の愛読者として、この名称に少なからず親しみをおぼえている。「淀殿」や「淀の女房」ではピンと来ない。

この小著は、正確な文献史料にもとづいた淀殿の評伝という建て前で書いたものだが、敢えて、これを「淀君」と題したのは、読者諸氏が彼女の幻影(げんえい)に抱いている親愛感を傷けたくないためであって、別に他意あるわけではない。

昭和三十三年七月

桑田忠親

目次

はしがき
一　その父母……一
二　少女時代……一三
三　秀吉の愛妾となる……三三
四　鶴松の誕生とその死……四八
五　お拾の誕生……六六
六　浅井一族の追善供養……八二
七　北の政所と淀君……八九
八　関ヶ原合戦前後における淀君……一一四
九　大坂陣と淀君……一三二

一〇　むすび……一五九
略年譜……一六五
参考文献……一六八

口絵

淀君消息……巻頭
淀君母お市の方画像……巻頭

挿図

浅井長政画像……三
淀君画像(部分)……一〇
鶴松の木像と玩具船……五五
醍醐花見図屏風……一〇一
淀君和歌短冊……一〇三
秀吉夫人高台院画像……一一一
秀頼筆豊国大明神神号……一三〇
方広寺の梵鐘……一三五
大坂夏の陣屏風……一五七

一　その父母

人の一生は、その素質と環境によって左右されるというが、淀君の場合も、その父母から受けついだ素質と、幼少時の環境が彼女の生涯を決定づけた、といえなくはない。

父は浅井長政

母は信長の妹

淀君は、永禄十年(一五六七)というと、わが国の室町時代末期にあたるが、その戦国動乱のさなかに、近江の国東浅井郡小谷城(滋賀県東浅井郡湖北町)で、城主浅井備前守長政の長女として生まれている。母は尾張の国東春日井郡清洲の城主織田上総介信長の妹お市姫である。

浅井氏の先祖

浅井氏はもともと近江の国の古い豪族であったが、室町時代には近江北半国の守護大名京極氏の被官人となり下っていた。しかし、長政の祖父亮政の時、主家の内訌に乗じて東浅井郡の小谷山に城を築き、ここを根拠地とし、京極氏の執権として江北の地を支配することとなった。ついで越前の大名朝倉氏の助けを得て、江南の大名六角定頼の侵入を防ぎ、父の下野守久政の代になって、戦国大名として堂々覇を唱えるに至ったのである。

浅井長政の人物

長政は、久政の長男として小谷に生まれ、幼名猿夜叉という。永禄二年（一五五九）十五歳で元服し、新九郎賢政と名のり、ついで備前守と称している。賢政というのは、六角定頼の子義賢の一字を貰ったのである。同時に、義賢の老臣平井加賀守の息女を妻として迎えることとなった。これは、父久政の六角氏に対する妥協的な政策にもとづく縁組であったが、父の命令だから、余儀なく一時承諾したのである。しかし、その時、江南に出向いて、加賀守と父子の盃を交わして来いと命ぜられると、六角氏の被官人平井加賀守などの所へこちらから出かけて行くなどとはもっての外だといい、老臣を介して久政を説得させ、加賀守の息女を里に

長政お市姫を娶る

帰してしまった。彼は年少にして既に、このような気概を持っていたのである。従ってこの行動と同時に六角氏と交を断ち、名を長政と改めている。浅井の家臣らも、あっ晴れ若殿よと、長政の大志を壮とし、その器量に心服したという。父よりも、むしろ、浅井の家を興した祖父の亮政に気性が似ていたと見える。

浅井長政画像
（高野山　持明院所蔵）

長政は、二十歳で、信長の妹お市姫を娶った。永禄六年(一五六三)のことである。お市姫は、当時十七歳であった。政略結婚ではあるが、六角の陪臣平井加賀守などとは違って、相手は、尾張一国を実力で平定し、永禄三年には海道一の弓取といわれた今川義元を桶狭間に倒し、美濃の大名斎藤竜興を攻略し、上洛の大志を実現しようとしている強豪織田信長である。『浅井三代記』によると、しかも、その信長が非常に有利な条件で同盟を申し込み、縁者となることを願ってきた。これを承認してくれるならば、共に力を合わせて、江南の六角氏を一蹴し、上洛の暁は天下の仕置を両人でとり行おう。美濃の国がほしくば進ぜよう。また、越前の朝倉氏は浅井家と深い義理のある間柄だから、決して自分勝手に攻めるようなことはしない。長政の指図通りにすると誓紙も入れよう、などと、信長の辞儀は鄭重を極めていた。そこで、長政も、この同盟の申し出を受諾し、ここに、お市姫との縁組が成立したというが、『川角太閤記』には、長政の老臣磯野伯耆守が謀略をもって両家の縁談をまとめたとしている。

お市姫は絶世の美人

ともかく、そんな事情で、長政はお市姫を妻としたのだが、そのお市姫が、偶然にも、絶世の美女であったから、長政もなおさら満足したらしいのである。従

長政との間に三女二男を儲く

って夫婦の仲は至って睦まじく、のちの淀君であるおちゃちゃを頭に、引き続き三女・二男を儲けている。これは、お市姫が十七歳の娘盛りだったせいでもあろうが、夫婦共に健康に恵まれていたからとも考えられる。

高野山持明院に納めた長政夫妻の画像

長政も、お市姫も、幸いにして、由緒の正しい画像が今に伝わっている。これは、長政の十七回忌およびお市姫の七回忌の追善供養として、その冥福を祈るために、淀君が画工に命じて父母の肖像を画かせ、高野山の持明院に納めたものといわれる。写真のなかった当時としては、筋の通った肖像画は、現今の写真以上に人物の面影を写していると見てよい。それによると、長政は大兵肥満の偉丈夫であり、お市姫は楚々たる美婦であった。殊に、お市姫（小谷の方）の画像は、その麗容、惻々として胸に迫るものがある。この肖像画を写真に撮ったものを眺めただけでも、悶々と恋煩いをした男があると聞いたが、私もその人の気持に同感している。長政は実に幸運な男だったと羨むと同時に、長政の死後、お市姫をめぐって争奪戦を展開したという柴田勝家や羽柴秀吉の気持もわかるように思う。天下一の美人の誉れが高かったのも、当然と思われる。

しかし、お市姫は、その美貌に誇ることもなく、概して従順な性格の女性であったようだ。その点では、兄の信長とは性格も違うように思われる。もっとも、戦国時代のことだから、男と女とでは環境が全く異なっていた。男は自分の力ひとつで立ち上らなければならないが、女は自己の宿命に忍従するように習慣づけられている。それにしても、そうした環境に抵抗して、自己の存在を或る程度まで主張した女性だっていないことはなかった。淀君や千姫など、むしろ、そうしたタイプの女だといってよかろう。それらと比べると、お市姫は、自分の運命に飽くまでも忍従する典型的な女性であったようだ。彼女の性格を如実に説明した適当な文献は見当らないが、その行動によって、そういうことが大体推測されるように思う。

お市姫の性格

お市姫はまず、兄信長の言いつけ通り、小谷の城主浅井長政の妻となり、夫と琴瑟相和して三女・二男を産んだ。兄と夫との間が決裂して、兄に攻められて小谷が落城し、夫が城を枕に自刃した時、これに殉じようとしたが、夫に説得され、すなおにその命令に従い、兄の許に帰った。その際、長男の万福丸が兄の計らいによって惨刑に処せられているが、兄に対して何らかの方法で復讐するという程の考えもなかった。男の子の存在は危険なので、次男とも別れさせられたが、すべてをあきらめ、せめて三人の娘だけを手もとに置いて、いつくしみ育てている。

小谷落城と共に兄のもとに帰る

兄の信長が死ぬと、間もなくお家騒動が起った。そのどさくさに、天下一の美人たる彼女は、旧新両派の勢力を代表する柴田勝家と羽柴秀吉の両方から再婚を望まれたが、信長の三男で彼女の甥に当る神戸信孝の意見に従い、三人の連れっ子をして勝家の後妻となり、越前の国北荘に赴いた。秀吉の求愛をこばんだのは、万福丸がその手にかかって殺されたことの反感も手伝っていたらしいが、織田家

柴田勝家の後妻となる

の頽勢を支えようとした勝家の方にずっと好感を覚えたからでもあろうか。男振りも勝家の方がましだった。これも、二人の画像を比べてみればわかる。後夫勝家との仲も琴瑟相和した。しかし、間もなく、恋がたきの秀吉に攻められて、北荘落城ということになった。落城と夫君の切腹は、これで二度目である。彼女も、

勝家の死に殉ず

ここに至って、遂に生き抜くことの悲しみに堪えかね、勝家の死に殉じている。しかし、三人の娘だけは道づれとするに忍びないので、敵方の手に預けることに賛成した。ともかく、その一生を通じて、兄とか、夫とか、甥とか、信頼する男の言いなり放題に、すなおに行動している。その容姿にも増して、可憐な女性であったことが、これで証明されよう。

淀君の性格

淀君は、こういう対照的な性格をもつ両親から、その素質を受けついでいる。しかし、どちらかといえば、どうも、父親似のように思われる。遺伝学の上からも、男子の性格は母親に、女子の性格は父親に似るといわれるが、淀君の場合も、

淀君の容貌

この原理にあてはまるようだ。しかも、彼女の場合、その素質的な性格は、年と共に、また環境の変化に伴ない、いよいよ濃厚に現われてきたらしいのである。

ついでに、淀君の容姿について検討してみよう。これは母親似の絶世の美女と思いたいのが人情である。だから、講談本や時代小説では、大体、そういうことにされている。太閤秀吉ほどの女好きが、おちゃちゃ、おちゃちゃといって、あれほどまでに寵愛（ちょうあい）したのだから、天下一の美人ということにしなくては、引っ込みがつかなくなる。しかし、女子の風貌は男親似という遺伝学の初歩を無視してかかったとしても、彼女が、小谷の方ほどの美女とは思われない。淀君の肖像画の確かなものは、今に伝わらぬ。ただ一つ、それに類するものがある。実は、これを唯一の画像として本書の口絵に掲げようと考えたが、やめにした。淀君は美人であるという読者の幻想を無慙に破壊する恐れがあるからだ。確実性のあるものならばともかく、大した根拠もないものを掲げて、殊更に読者を失望させる必

要もあるまいと思った。これと、高野山の持明院にある小谷の方の画像とを比べると、余りにも開きが大きすぎる。むしろ、この両画をこねまぜたのが淀君の風貌ではなかろうかと、私は想像している。

淀君画像部分
（高野山　持明院所蔵）

性格も容貌も父親似か

淀君は、その性格と同様に、その風姿も、或る程度、父親似ではなかったか。浅井長政も、肥満こそしているが、別に不男（ぶおとこ）というわけではない。偉丈夫と称して立派に通る男前である。が、これを女に作り直したらどんなことになるか。決して、小谷の方のような楚々たる美女にはなるまいと思う。

淀君は丸ぽちゃ美人か

要するに、淀君は、勿論、いちおう美人であったに違いないが、体質的に見て、むしろ、父親似の、豊かな容姿の女性だったのではなかろうか。その豊満で健康な姿態が、年とって痩せぎすになった秀吉の肉体を喜ばせ、鶴松と秀頼という二人もの男児を儲ける結果となったのではなかろうか。殊に、秀吉の愛妾となった二十の頃は、男好きのする、いわゆる丸ぽちゃ美人であったに相違ない、と私は臆測をたくましくしている。

二　少女時代

おちゃちゃ御料人

淀君は、呼び名を、おちゃちゃという。長ずると、おちゃちゃ御料人（ごりょうにん）と呼ばれた。御料人とは、貴人の娘に対する敬称である。生母の小谷（おだに）の方はおいち御料人、淀君はおちゃちゃ御料人で通っている。

少女時代といっても、七歳までの間は、小谷城内の父母の膝下にあって、何不自由なく育った。有力な戦国大名のお姫さまのことだから、当然であろう。父母の間には、彼女の兄を頭に、次々と、年児（としご）のように子女たちが生まれたが、勿論、乳母（めのと）もいただろうし、多くの侍女にかしずかれもしたことと思う。しかし、そうした乳母や侍女たちのことは詳らかでない。おちゃちゃは、長女だけに、殊に両親の寵愛を一身にあつめ、蝶よ花よと撫育（ぶいく）せられたに相違あるまい。

長政信長と交を断つ

しかし、この幸福は余りにも短かすぎた。おちゃちゃの父浅井長政が、彼の義兄織田信長と急に手切れとなったからである、元亀元年(一五七〇)の四月、彼女が四歳の夏のことであった。

信長長政と盟約を交わす

その事情を簡単に説明すると、永禄七年(一五六四)の三月に浅井長政と盟約を交わして有利な立場を固めた織田信長は、同十年(一五六七)に斎藤竜興(たつおき)を滅ぼして美濃一国を平定し、岐阜に根拠を据(す)えると、明くる年の九月、越前の朝倉氏にかくまわれていた足利義昭(足利十三代将軍義輝の弟)を奉戴(ほうたい)し、

信長上洛す

江南(こうなん)の大名六角承禎(しょうてい)(義賢)の軍勢を蹴散らし、遂に京都に攻めのぼり、長年の望みを果たすことができた。信長は松永久秀を降し、三好三人衆を撃退すると、直ちに朝廷に奏請して、三好氏によって推戴

足利義昭を将軍とす

されていた十四代将軍足利義栄(よしひで)を追放し、義昭を十五代将軍の職に就かせた。朝倉義景が到底できなかったことを、信長が実行した。そこで、義昭は、信長の功労に感謝し、これを父と呼んでみたり、副将軍に就任させようとしたりしたが、

そんなことで満足する信長ではない。信長の目的は、足利幕府を建て直すという名目のもとに上洛し、天下に号令を下すにあった。従って、将軍義昭を無視して、着々と中央政権の獲得に乗り出したのである。義昭は、信長の力を利用して将軍の職に就いたが、あべこべに利用されたことに気がついて、不満やるかたなく、諸国の大名に密書を送り、将軍の名において信長追討の命令を下したのである。

義昭信長追討の命令を下す

越前の朝倉義景も、義昭の密書を受取った一人である。義景は、義昭が信長に奉戴される以前に、これを一乗ヶ谷の居城にかくまい、上洛の機会を窺ったこともあるが、三好三人衆や、松永久秀を討伐して、中央の政権を掌握するほどの自信が持てない。実力もそうだが、決断力の鈍い武将であった。そのくせ、自分の夢みたことを信長に実現されてみると、とんびに油揚をさらわれた狐のような気持になっていた。そこへ、信長追討の密書が届いたので、事情によっては将軍義昭のために再び一肌ぬいでもいい、という気持になってしまった。

朝倉義景義昭の命令に応ず

信長義景の京都出仕を促す

信長は、もとより、京都の二条城にいる義昭の謀略を看破していた。だから、朝倉義景が義昭に内通しているかどうかを試すために、急に京都出仕を促した。それが元亀元年（一五七〇）正月のことである。将軍に年頭の参賀をせよと命じて、恐らく義景を人質に取ろうとしたのであろう。

義景これを拒否す

義景は、これを拒否した。勿論、一戦を覚悟の上である。彼も、信長の弱点は知っていた。当時、義昭の策動によって、信長の八方に強敵が蠢動し、その立場が日に日に不利に傾いていたからである。万一、信長が越前まで攻め込んで来ても、小谷の浅井と提携して当れば、信長を南北から挟み撃ちにすることができると考え、

義景浅井長政を味方に誘う

上洛拒否と同時に、小谷城に密使を遣わし、まず、浅井長政の父久政を通じて城主長政を説得させた。もし、信長が義昭を攻めた時は救援すると約束してくれ、というのである。

長政去就に迷う

浅井長政は、一時、その去就に迷ったらしい。尤ものことである。信長とは七

長政遂に義景に味方す

年来、義縁(ぎえん)の仲にある。義景を助ける場合には、愛妻小谷の方(お市姫)の兄と敵対することになる。感情の上では、まことに忍び得ないものがある。しかし、父祖以来の朝倉家との交誼(こうぎ)を無視することは到底できない。だから、信長とも条件つきで同盟を結んでいる。『浅井三代記』によると、信長が、長政と相談なしには朝倉義景と戦わないという条件であった。万一、信長がこの条件を無視して越前に攻め入る場合は、誓約を破棄(はき)されたことになる。それでも、信長に従属すべきだろうか。長政には、そこまで決心がつかなかった。それというのも、八方に強敵を引き受けても遂にこれに勝ち抜くといった信長の恐るべき実力を知らなかったためであろう。長政も、そこまで高く信長を買っていなかった。しかも、頼みとする義景が無援の状態で滅亡した際に、孤立状態に陥るのは長政自身である。先約を反古(ほご)にして越前に攻め入るほどの信長ならば、今後とても、どのようなことをされるか分ったものでない。長政は遂に決意を固めた。しかし、これは長政を墓穴に追い込んだ最後の決断でもあったのだ。

長政は二十六歳、小谷の方（お市姫）は二十四歳、おちゃちゃ（淀君）は四歳。勿論、小谷城の大奥の深窓にあった愛妻と愛児に、事実は知らされなかった。知らないうちに、彼女たちの運命は急激に逆転していた。それが、戦国女性の悲惨な運命であったのだ。

信長越前に攻め入る

その年、元亀元年（一五七〇）の四月、果たして信長は大兵を率いて越前の敦賀に侵入した。浅井長政の離反を危ぶむ者がいたが、長政にはわが妹のお市姫を嫁がせたから仔細ないと、楽観していた。この強引なところが、信長の値打でもあり、また、欠点でもある。朝倉氏の属城天筒山を一気に抜き、金ヶ崎城を降した。この時、信長は浅井長政が六角承禎と共謀して近江に兵をあげたという急報に接し、さすがに驚いたが、直ちに軍勢をまとめ、浅井・六角の尖兵や、土一揆などを蹴散らして京都に引き揚げている。敵中に深入りした信長は、さすがに危険を感じ

浅井氏討滅を決意す

たものと見える。それ以来、信長は、まず、徹底的に浅井氏を討滅する決意を固めたのである。『信長公記』によれば、長政の違約を怒ったためというが、『浅井三代記』の説のように、先約を破ったのは信長の方であった。『信長公記』は、『浅井三代記』よりも確かな記録にはちがいないけれど、信長の直臣太田牛一の書いたものだから、信長のことをなんでも有利に解釈した傾向が見える。

姉川の決戦

間もなく、小谷城から程近い姉川を挟んで決戦が展開され、その結果、朝倉・浅井の連合軍は惨敗したが、朝倉義景の縁族に当る摂津の石山本願寺も立ち上って北陸の門徒に檄（げき）を飛ばし、三好三人衆・六角承禎・比叡山の僧徒などもこれに呼応して信長に敵対し、信長の立場は八方塞がりとなった。しかし、信長の部将木下秀吉・柴田勝家・丹羽長秀・中川重政・佐久間信盛などは、常に緊密な連絡をとって善戦し、徳川家康も援兵を派遣して信長の危急を救ったので、天正元年（一五七三）になると、次第に形勢は好転した。また、朝倉義景と武田信玄の挾撃（きょうげき）作戦

足利義昭河内に遁る

も、義景の優柔不断によって失敗し、足利義昭も京都二条城を遁れ出て河内に亡命した。義景も信長の先制攻撃を受けて越前の一乗ヶ谷に亡び、小谷は孤立無援の状態に陥ったのである。

小谷落城

小谷が落城して大将浅井長政が自刃したのは、その年の八月二十八日のことであるが、その三日前に、信長から、不破河内守を使者とし、この数年来長政と戦いを交じえたのは、越前の朝倉義景が謀叛を起したためにほかならぬ。義景を討ち取った今としては、長政に対して、別に遺恨もない。小谷を明け渡しさえすれば、悪いようには取り計らわぬ、といってきた。しかし、長政は、かくなった上は、何を面目に生き長らえようか。討ち死するほかない。よろしく御了解を願う、といって、応ずる気色もない。そこで、信長は更に使を立てて、この義兄に忠節をつくす気さえあれば大和一国を宛行おう、と伝えた。が、長政は更に動じなかった。もし、ここで動ずれば、浅井家が大和の大名として連続したかもわからな

信長大和を長政に宛行わんとしたとの説

い。だから、その方が、小谷の方のためにもおちゃちゃのためにもよかった――と思うのは、現代ならばともかく、戦国時代としては甘い考え方である。長政は万一生け捕りにでもされて、恥を千歳(せんざい)に遺すことを恐れた。結局、信長を最期まで信じていなかったのである。

長政最期まで信長を信ぜず

前々日(八月二十六日)の巳(み)の刻(午前十時)また、信長から同じようなことを伝えてきた。落城の寸前である。長政は、使者不破河内守と対面し、このたび貴殿のお取り持ちの御厚意は代々忘却しないが、かくなっては、尋常に腹を切る覚悟をきめたから、この旨を信長公にもお伝え願う、といった。しかし、そのあとで、小谷の方(お市姫)を呼び寄せ、そなたは妹のこと故、なんの仔細もなかろう。信長の許に送り届ける。名残りは惜しいが、生きながらえて、浅井家の菩提(ぼだい)を弔ってくれよと、やさしく言い諭したという。小谷の方は、わたくし一人この世に生きていたとて、あれこそ浅井の女房よと、人に後指(うしろゆび)をさされるのも口惜(くちお)しい次第です故、いっそお手に

長政小谷の方に避難を勧告す

かけて殺して頂きたい、と頼んだ。すると長政は、尤もな考えだが、三人の娘もいる。女子のことだから、信長もさほど憎みもしまい。これさえ助けておけば、我らが世に亡きあと、菩提をも弔ってくれようし、罪もない姫たちを、見すみすわが手にかけるのも不愍（ふびん）至極である。この際、恥を忍んで姫たちを連れ、難を遁れてほしい、と再三説諭したので、小谷の方も漸く納得し、その日の夜半になって、まず、二人の男児をこっそりと落ちのびさせている。嫡男の万福丸には、木村喜内之介を添え、越前の敦賀郡の某所に避難させ、この五月に生まれた末男をば、近江の福田寺（ふくでんじ）に、乳母（めのと）と、侍臣小川伝四郎・中島左近の二人を附けてやり、蘆原に舟を浮かべて忍ばせておいた。

小谷の方二男を避難せしむ

さて、小谷の方は、三人の娘に侍臣藤掛三河守を添えて、信長の陣屋に送り届けられた。信長も、実の妹を救い出すことができて、さすがに喜び、よく労（いたわ）ってほしいといって、叔父（信長の弟）に当る織田上野介信包（のぶかね）に預けた。三人娘の長女おちゃゝ

信長小谷の方らを織田信包に預く

ちゃは、既に七歳の少女であった。

長政の最期

妻子の無事を見届けた浅井長政は、もはや心に残ることなしと、八月二十八日、寄せ手に対して最後の攻撃を開始し、力戦苦闘の末、小谷城内で割腹して果てている。年僅かに二十九歳の若大将としては、実にあっぱれな最期で、敵も味方も感動したという。

信長長政と義景の首をさらす

しかし、長政の敵対行為に対する信長の鬱憤は、なかなか晴れなかった。八方が敵になって一時は絶対の窮地に追いこまれたのも、長政の謀叛ゆえである。もし長政が徳川家康のように自分の片腕となってくれたならば、あんなにも苦しまなかったと思うと、長政や、その父久政に対する憎悪の念は、この両人が自刃して後も、残り火のように、その胸中に燃えくすぶっていた。信長は、翌二十九日、長政父子の首を京都に送り、越前から届いた朝倉義景の首級と一緒にして、市中を引廻し、獄門にさらしたが、さらに、小野殿(おのどの)と万福丸を惨刑に処することになったのである。

小野殿とは、浅井久政の夫人井口氏のことだ。名を阿子(あこ)といい、井口越前守経元の娘である。人呼んで小野殿と称した。彼女は、久政との間に長政とその姉養福院(京極高吉の妻)とを儲けている。長政やその父久政に対する忿怒(ふんぬ)の情は、この罪もない女性にも及んだ。『島記録』によれば、信長は、九月十九日のこと、小野殿を捕え、十本の指を数日かかって切りつくし、これを惨殺している。淀君は、このことを知ってか、知らないでか、大坂二の丸様と呼ばれた後、浅井野州御内儀小野様のために、追善供養を行っている。それは、高野山所蔵の『浅井家霊簿』によって明らかである。

信長小野殿を惨殺す

それから、『信長公記』によれば、同年の十月十七日に、長政の嫡男万福丸を探し出し、これを捕え、美濃の関ヶ原で磔(はりつけ)の刑に処している。万福丸は何歳か明らかでない。『浅井三代記』に九月三日としているが、高野山の『浅井家霊簿』に

万福丸を磔にす

串刺にしたとの説

天正元暦十月十七日とあるから、十月十七日が正しい。『当代記』の説によると、越前の朝倉義景へ人質として遣わしてあったが、義景滅亡の後、加賀に遁れて盲人となっていた。それが母の小谷の方の祖母（信長の母）を頼って来たのを捕え、近江の木ノ本で処刑したとあるが、信じ難い。『浅井三代記』には、浅井の家臣木村喜内之介という者が小谷の方の命令で越前敦賀の某所に隠しておいたのを、信長が甘言をもって小谷の方をだまし、万福丸をおびき出し、羽柴秀吉に言いつけて、これを串刺（くしざし）の刑に処せしめた。秀吉も、初めは信長を諫止（かんし）したが、聞き容れられず、やむなく串刺にしたとある。信長だから、このくらいなことはやりかねまい。『信長公記』に磔（はりつけ）としてあるのは、やはり、著者が信長の旧臣だから、主君の行状を暴露するのをはばかったためであろう。のち、このことをひそかに洩れ聞いた小谷の方が、女の浅はかさに、兄信長の仕業（しわざ）と知らず、秀吉のことを恨んだというが、さもあろう。君命とはいえ、小谷の方の美容に私（ひそ）かにあこがれを抱い

信長長政と義景の首級を肴とす

ていた秀吉として、実に割の悪い役を買ったものだ。しかし、当時、七歳の幼女であったおちゃちゃは、実の兄の万福丸がそのような惨刑に処せられたとは、夢にも知らなかったことであろう。

信長は、それでもまだ飽き足らなかったと見えて、『信長公記』によれば、明くる天正二年（一五七四）の正月、岐阜城の年賀に参会した諸国の大名たちを招いての酒宴の肴に、長政と義景の首級を箔濃にしたのを出した。箔濃とは、漆ぬりにしたものに金粉を施したのをいう。一味同罪、一族連坐は、戦国の世の慣いとはいえ、信長がいかに冷酷残忍な人物であったかがわかる。

それから、八年ほどの月日は夢の間にすぎた。おちゃちゃは、父親とは死別したが、生母小谷の方の膝下にあって、妹二人と共に、比較的平穏な少女時代を過ごしたようである。住まいは尾張の清洲城内であったといわれているが、大体、その辺のところであろう。

信長安土城を築く

伯父の信長は、近畿地方を平定し、江南の安土に豪壮な城郭を築き、官は右大臣に昇進した。羽柴秀吉も、浅井氏の旧領江北三郡十二万石を与えられ、筑前守に任じ、琵琶湖東岸の今浜に新城を築き、これを長浜城と称した。足軽出身の藤吉郎も連年の武功によって、一躍して半国一城のあるじとなったのだ。

信長本能寺に横死す

ついで、摂津の石山本願寺を降し、甲斐の武田勝頼を亡ぼした信長は、更に西国と四国の平定にのり出した。秀吉は西国征伐の先陣を承り、備中に侵入して高松城を囲んだが、毛利の大兵に押され、援けを信長に求めた。そこで信長は、西国出陣の命令を諸将に下し、僅かばかりの小姓や供人を連れて上洛し、本能寺に宿泊したが、部将明智光秀の叛逆にあって、不覚にも横死した。天正十年(一五八二)の六月二日のことである。同時に、信長の嫡男城之介信忠も二条城で討ち死している。

秀吉明智光秀を討つ

信長の死後、秀吉は、直ちに毛利氏と和を結んで東上し、城州山崎表の一戦で明智光秀を討ち取り、武勲第一を誇った。

清洲会議

やがて開かれた清洲会議の結果、信長の遺領は、その次男の三介信雄、三男の三七郎信孝、及び重臣たちに分配されたが、織田家の後嗣ぎ問題をめぐって、重臣たちの間に暗闘が続いた。

信雄は次男ではあるが凡庸の質で、本能寺の変の際には、京都と近江の間を右往左往し、何ら為すところを知らない有様であった。この信雄と比べれば、三男の信孝は、ともかく秀吉の軍勢と合体し、山崎の決戦に後見役をつとめているので、清洲会議の際には、兄信雄よりも器量人だという評判で、問題にされた。しかし、秀吉が謀略の上から、信長の嫡孫（信忠の嫡男）で当時まだ赤ん坊だった三法師丸（のちの織田秀信）を後嗣ぎに立てることを主張してからは、秀吉と離れ、反対派の柴田勝家によって擁立されることになった。勝家は、織田家随一の老臣として、既に朝倉義景の旧領越前一国を領有し、北荘城（きたのしょう）（福井市）に居たのである。

信孝秀吉より離る

秀吉勝家とお市の方を争う

金と女と酒とはよく言ったもので、今も昔も、その必要性に変りがない。信長や秀吉の頃は、金は今日ほどの価値がなかったから、土地と女と酒である。米のとれる土地をば取前だけ取りつくした勝家と秀吉の両雄は、こんどは美人がほしくなったらしい。そこで、白羽の矢が立ったのが、清洲城の大奥にひそみ隠れていた天下一の美女お市の方である。

小谷が落城し、浅井長政が討ち死し、後家となってからの彼女は、もう小谷の方ではない。お市の方と呼ばれていた。彼女も、既に三十六歳になっていた。しかし、当時、六十一歳の勝家や、四十六歳の秀吉から見れば、残(のこ)んの色香のただよいは、捨てがたいものがあっただろうし、主君信長の生前には手折(たお)ることなど思いもよらなかった高嶺(たかね)の花を手折るという、スリルも手伝っていたことであろう。殊に秀吉としては、十歳年下の、恰好(かっこう)の年輩だ。垂涎(すいえん)一丈に気がつかぬほど鼻の下を長くしたのも、無理ではない。

信孝お市の方を勝家に斡旋す

ところが、この恋愛合戦は、完全に秀吉の負けときまった。第一印象で既にハンディキャップがついていたところへ持って行って、斡旋(あっせん)役を買って出た織田信孝が、お市の方をよろしく説得し、当家随一の重臣という格式を笠に着せて、彼女をば越前の北荘(きたのしょう)城に輿(こし)入れさせてしまったからである。勝家に花を持たせるつもりだったらしい。お市の方としても、兄信長の亡きあと、頼りとする肉身は、甥の信雄か信孝しかいない。その信孝の勧告だから、これに従ったまでであろう。

お市の方越前北荘に入輿す

勿論、三人の娘を連れて行ってもいいという条件であった。そこで、おちゃちゃも十六歳で継父に仕えることになった。こうなると納まらないのは秀吉の気持であろう。明くる天正十一年(一五八三)四月の江北賤ヶ岳(しずがたけ)の合戦は、恋の恨みの果たし合いだといわれているが、もし秀吉にそうした感情があったとしたならば、それは、天下取りの野望と求愛行動とが偶然にも一致したというほかあるまい。

信孝秀吉を討たんとす

賤ヶ岳合戦を誘発させたのは、岐阜城にいた織田信孝である。信孝は兄の信雄よりも少々気概があっただけに、清洲会議の後、山城の山崎に城を築き、着々と中央の政権をその手に収めてゆく秀吉の行動が気に食わなかった。越前の北荘の柴田勝家も、伊勢の亀山の滝川一益も、それぞれ織田家の重臣の一人として、秀吉の野心を観破し、これを憎んでいる。そこで、信孝は、勝家や一益と共謀し、三方から兵をあげて、秀吉を奔命に疲らせ、機を見て一斉にこれを討滅しようと計画した。しかし、そんな手にのる秀吉ではない。配下の諸将を分けて、各個撃破の作戦を練り、江北賤ヶ岳の難所に勝家の精鋭を誘致し、一挙にこれを撃破し、

勝家賤ヶ岳に敗らる

逃げるのを追って越前に入り、北荘城を囲み、勝家を亡ぼした。賤ヶ岳合戦は四月二十一日、北荘の落城は二十四日の午の刻であった。

北荘落城

その前夜、既に自刃の覚悟をきめた勝家は、お市の方に向って、そなたは、敵将羽柴秀吉にとっては主筋に当る。先君信長公の高恩を受けた秀吉としては、決して悪くは取り計らわぬ故、城を出られてはいかが、と勧めたが、彼女は、先に

小谷落城の際に城を出て生き長らえたればこそ、今日また、このような憂目を見たのである。たとえ片時たりとも夫婦の契りを交わした以上、再びこの世に生き残ろうとは思いませぬ、と答え、涙を流して、共に自決することを誓った。しかし、お市の方も、さすがにおちゃちゃ以下の娘を死出の道づれとするに忍びなかった。

お市の方勝家の死に殉ず

そこで、彼女たちを秀吉に託し、生き長らえさせて、両親の菩提をも弔わせたい、と願うと、勝家も尤もに思い、娘三人に富永新六郎という侍を附けて、秀吉の陣屋に届けさせたのである。その時、勝家は、この三人はわが子ではない。浅井長政の遺児ではあるが、先君信長公の血続きでもあるから、よろしく取り計らわれよ、と申し送った。秀吉も、勝家の志に感じ、われらにとっても、三人の姫君は主筋に当ることだから、決して疎略には扱わない、と返答したという。

三人の娘を秀吉に託す

それから、徹宵酒宴を催して今生の別れを惜しみ、辞世の和歌を書き遺し、一族・直臣・女中衆に至るまで、八十余人が悉く自刃し、九重の天守閣を誇る北荘城も火焔に包まれ、焼け落ちたのである。

おちゃちゃ孤児となる

おちゃちゃは、このようなわけで、十七歳で、二度目の父親を失うと同時に、生みの母とも遂に死に別れたのである。そうして、二人の妹と一緒に、敵方の秀吉の手によって保護される身の上となってしまった。十七歳といえば、もう少女ではない。青春多感な処女である。いくら道具のように扱われていた戦国時代の女性でも、運命に盲従するばかりが生きる道でないことを、思い知らされたことであろう。

三　秀吉の愛妾となる

おちゃちゃの後見人は織田長益か

父母と死に別れて、妹と共に敵方の総大将羽柴秀吉に預けられたおちゃちゃ（淀君）の消息は、その後、全く不明である。或いは、信長の弟織田長益（有楽）に預けられていたのかも知れない。最近発見した岐阜県の広瀬曾市氏所蔵の二十七日（天正十八年正月）長益宛千利休自筆消息によると、天正十八年（一五九〇）当時、長益は秀吉の愛妾淀君（おちゃちゃ）の後見人として山城の国の淀城にいたらしいからである。おちゃちゃの叔父に当る長益が後見人として彼女を預かるのは、理の当然であろう。しかし、天正十一年当時、長益がどこにいたかもはっきりしないから、おちゃちゃの居所も不明である。

おちゃちゃの消息が、その後確かな文献の上にあらわれてくるのは、天正十七

羽柴秀長淀城修築の事に当る

年（一五八九）の五月二十七日、淀城で秀吉の長男鶴松を儲けてからで、その間、六年ばかりのことは、さっぱりわからない。尤も、その年の正月、山城の国の淀城を修築することになって、秀吉の弟大和大納言秀長がこの事に当り、細川忠興なども手伝って縄張（なわばり）などを始めたが、三月頃に普請の出来あがったことがわかる。これは、勿論、それより以前に秀吉の愛妾となっていたおちゃちゃが、秀吉の胤（たね）を宿したので、その地位を認め、産所として、これに一城を与えるつもりであったからであろう。時に、彼女は、二十三歳であった。従って、十七歳から二十三歳までの間の様子が不明ということになる。小説ならば、いろいろと面白いことを想像して作りあげることもできようが、歴史の書物では、そうもいかない。しかし、類推や臆測をたくましくすることは、一応、許されなくもないと思うのである。

秀吉の側室は十六人

秀吉には、正妻北の政所（まんどころ）（おね）のほかに、十六人の側室があった。十六人というのは、『伊達家世臣家譜』の記すところだが、一夫多妻制の当時、殊に、秀吉ほどの

秀吉の正妻おね

地位にあった者としては、これも当然なことといえよう。正妻は、尾張の国愛智郡朝日村の住人杉原定利の娘で、呼び名をおねといった。秀吉がまだ信長の小者頭(こものがしら)で、木下藤吉郎と称したかどうかもわからない頃めとった、いわゆる糟糠(そうこう)の妻であり、なかなかの賢夫人ではあるが、秀吉との間に一人の子も儲けないのが欠点であった。夫婦の仲は至って睦じく、他の側室との間柄も、表面はなんということもなかったが、淀君が世嗣秀頼を儲けてからは、閨門(けいもん)が隠然と対立し、それが豊臣家の命取りとなったとさえいわれている。しかし、これも稗史(はいし)の誇張であって、事実は、それほどとも思えない。

淀君以下の側室の素性

側室では、淀君のほかに、松の丸殿・三条殿・加賀殿・三の丸殿・姫路殿・かい姫・山名禅高の娘・お種殿などのあったことがわかる。松の丸殿は京極高吉の娘で、容色華麗をもって知られた。三条殿は蒲生賢秀の娘、加賀殿は前田利家の娘、三の丸殿は織田信長の五女、姫路殿は織田信包(のぶかね)の娘、かい姫は北条氏長の娘、山名禅高の娘は名がわからない。お種殿

秀吉名家の息女を側室に選ぶとの説

は伏見の地侍高田次郎右衛門の娘である。

この側室の顔ぶれを見ると、一―二の例外はさておき、大体において、戦国大名の息女たちである。そこで、秀吉は自分の卑しい素姓を装飾するために、妾(めかけ)に名家の出を選んだという俗説が一応成りたつわけだが、殊更に名家に重点をおき、その息女ならばなんでもいいという考えでもなかったようである。第一、秀吉の正妻のおねがその側室の誰よりも素姓が卑しいのは、当り前なことだ。小者頭(こものがしら)の時代にめとった女だからである。また、側室が名族の出であるのも当然だ。羽柴筑前守と称し、信長に代って天下に号令し出した頃から、ぽつぽつと蓄えた愛妾だからである。秀吉ほどの権力を持てば、もっと名家の息女を選べなくもなかった。しかも、彼は自ら天皇の落胤(らくいん)と称し、近衛前久(さきひさ)の養子となって五摂家の筆頭(ひっとう)近衛家の名のもとに関白・太政大臣に任ぜられ、更に、源・平・藤・橘四姓のほかに豊臣の別姓を奏請して勅許されたほどのしたたか者だ。殊更、愛妾の門地を利用する必要もなかったであろう。これらの側室のお里を一々吟味していくと、勿論、秀吉の実家などとは比べものにならない名族には違いないが、当時としては没落した大名たちであって、秀吉に征服されてその臣下となった者が多い。秀吉から懇望されて、やむなくその娘を差し出したもの、臣従や降参のしるしに娘を呈供したものが、大部分を占めている。臣従といえば、秀吉ほどの権力者に臣従しないものはなかったわけだが、殊更にそうした事情を考えさせないものに、伏見の地侍高田次郎右衛門の娘お種殿がある。これは、大名の息女ではない。ただ、美しいのを見そめて懇望されたのであろう。

美貌を見そめられたお種殿

信長の側室のことはさっぱりわからないが、家康は、その身分を問わず、これはと目ざしたものならば、町人の娘であろうが、風呂たきのはした女であろうが、片っぱしから手かけにしたといわれ、それと比較するから、秀吉の側室は地位が高いということになろう。しかし、秀吉とても、妾に選ぶからには、その目標の

愛妾には身分の低い美女もいた

中心は美女たることにあったに違いないから、ここに掲げた以外にも、身分の低い美女が随分いたことと思う。愛妾が十六人いたとすれば、あとの数人は、恐らくお種殿以下の地位の者の娘であったに相違ない。ただ、その名が知られないだけのことであろう。

秀吉女狂いの初め

秀吉が女狂いを始めたのは、そもそも何時頃からかというに、天正元年（一五七三）に江州小谷十二万石の大名になってから程なくのことと推測される。このことを立証する史料に、有名な、剝げ鼠の朱印状がある。これは、惜しいことに日付がないが、宛書が「藤吉郎をんなども」となっており、「のぶ」と署名している。

信長がおねいに与えた教訓状

信長の自筆ではないが、仮名書の消息だ。「天下布武」の朱印を押しているので、その朱印の形から推定すると、確かに天正初年の手紙である。「藤吉郎をんなども」とは、羽柴藤吉郎秀吉の女房という意味で、要するに、秀吉の正妻のおねいに与えたものだ。その内容を見ると、なかなか面白い。こんな珍らしい信長の手紙は、他に類例を見ない。おねが小谷城から初めて某地に祗候して、信長に拝謁し、さまざまな美しい進物を贈ったのに対する返事だが、「そなたの見目ぶりや、かたちが、いつぞや逢った時よりも、一段と見あげた。それなのに、藤吉郎が何かにつけて不足がましいことをいっているとのことだが、けしからんことと思う。どこを探がして歩いても、そなたほどの女房は、また二度と、あの剝げ鼠は見つけることができまいから、そなたも、今後は、態度を朗らかにし、いかにも奥方らしく、どっしりとして、悋気など起してはならぬ。但し、女のつとめでもあるから、一応の文句は別として、夫をもてなすことを忘れぬように。この手紙の文句をよく見せて、藤吉郎に意見を伝えてほしい」と述べている。

おねの悋気

夫婦間のいざこざに対するお説法のような手紙だが、これによって、その頃、藤吉郎秀吉がおねに不満を覚え、よろめき出したので、彼女も焼餅を焼いたという事実がうかがわれる。よろめきの相手が誰であったかは、とんとわからないが、大体、この頃から秀吉の女狂いが始まったように思える。天正初年といえば、秀吉の四十歳前後のことだ。おねいの方は、まだ三十歳に達していない女盛りだから、焼くのも当然であろう。長年の戦功を認められて、十二万石の大名となり、経済的な余裕もできたので、妻以外の若い女の子を物色(ぶっしょく)する。当時の男性としては、何も珍らしがる程のこともあるまい。むしろ、当り前のことだ。それを焼いた女房が、主君から意見されたことの方が、却って珍妙な話で、信長も案外、ユーモラスな男だし、秀吉もいかに恐妻家であったかが知られる。

秀吉は恐妻家

しかし、当時は、大名などがいかに妻以外の女を愛し、彼女と関係が成立しても、子供ができなければ妾(めかけ)としての待遇は与えられなかったらしい。ただ、手をかけたというに止まる。男子の胤(たね)を宿して、初めて側室としての地位が確立するのだ。これは、徳川家康などの例を見ても、明らかである。

秀吉と前田まあい姫

秀吉の側室でも、前田利家の息女、まあい姫の場合は、『加賀藩歴譜』によると、

前田利家秀吉に降参す

天正十三年（一五八五）の八月、秀吉が越中の佐々成政を征伐した帰途、加賀の金沢城に入り、終日饗応をうけた際に、利家も了解の上で、京都に連れ去られたというが、その時、彼女は僅かに十四歳であった。尤も、前田家所蔵のまあ宛の秀吉自筆消息によると、彼女と秀吉との交渉は、その二年前の、天正十一年の四月の末頃に始まっている。その手紙に、「明年の夏大坂に呼び、いくさもなしに、わしとひと所にいるようになるから、目出たく思うがよい」と書いてある。天正十一年の四月の末頃というと、秀吉が江州賤ヶ岳の決戦に大勝し、越前の北荘に強敵柴田勝家を亡ぼし、その帰途、金沢に立ち寄った直後のことで、まあ姫は、まだ、十二歳の少女であった。そうして、秀吉のその計画が実現したのが、それから二年後の天正十三年の八月であった、ということになる。賤ヶ岳合戦の当初、前田利家は、勝家に属して、越前の府中城（武生市）にあったが、勝家の敗戦と同時に、秀吉に味方し、北荘攻めの案内役をつとめている。つまり、体裁よく、秀吉に降参し

まあ姫に与えた秀吉の手紙

たのである。その弱点につけこんで、秀吉はまあ姫を物色したのだから、父親の利家としても、よんどころなかったものと見える。彼女は、秀吉の計画通り、天正十三年の八月、京都に連れて行かれたが、その翌年の五月二十七日付の、まあ宛の秀吉自筆消息を見ると、秀吉は、彼女に京都見物をさせている。これは、新潟県の保阪潤治氏所蔵の手紙であるが、当年五十歳の関白秀吉が、十五歳のまあ姫に対して、乙(おつ)なラブレターをしたためているから、驚くほかない。「五月の一日には、お義理の手紙を頂いたが、さぞかし、京中の見物に隙(ひま)どっているだろうと思うので、恨めしくも思っていない」と書いている。利家に初めて話を持ちかけた時は、まあ姫も十二歳だったから、勿論、養女に貰うといったほどの約束だったに違いないが、彼女が十五歳にもなったこの頃、そろそろ、奥の手を出してきたものと見える。こうした狒々おやぢに対するまあ姫の感情が果たしてどんなものであったかは、勿論、知るよしもないけれども、このラブレターの調子では、

まぁ姫秀吉の側室となる

狒々おやぢといっても、案外、純情なところがあったようだ。蔭ではこっそり爪をといでいても、そうと警戒しながら、純情にほだされるのが、少女の心理であろう。若い女をたらしこむ術においては、秀吉も相当達人だったらしい。それならば、このまぁ姫が側室として扱われたのは何時頃か。『加賀藩歴譜』『前田家略譜』などという前田家関係の記録によると、上洛と同時に側室として秀吉に仕え、加賀殿と称したとあるが、事実はもっとあとと思われる。当時京都の吉田にいた神道家吉田兼見の日記『兼見卿記』の天正十八年七月十九日の条を見ると、聚楽城の天守にいる前田筑州（筑前守利家）の息女で十九歳のが殿下（関白秀吉）へ祇候したと記している。乳母人も附き添っていたと見えて、それも一緒に祇候したとある。この前田筑州の息女というのは、いうまでもなく、まぁ姫のことであって、天正十四年に十五歳だったから、同十八年には十九歳ということで、勘定も合ってくる。そうして、この前田筑州息女のまぁ姫が名実共に側室となって加賀殿と呼ばれたのは何時かというに、その二年後の文禄元年のことであったらしい。即ち、前田直行氏旧蔵の十二月二十六日（文禄元年）付の太閤秀吉の自筆消息の宛書に、「加賀殿」と見えるからだ。彼女が二十一歳の年であった。

醍醐の花見の輿の順序

秀吉と加賀殿との間には、勿論、子供がなかった。子供を産まないお妾さんなど、およそナンセンスだったにちがいない。ところが、太田和泉守牛一の「大かうさまぐんきのうち」を見てゆくと、慶長三年（一五九八）三月十五日醍醐の花見の条に、「一番まん所さま、二番にしの丸さま、三番まつの丸さま、四番三の丸さま、五番かがさま、六番大なごん殿御内」という輿の順序を記している。このうち、二番から五番までの四人が側室である。二番の西の丸様が淀君、三番の松の丸様が京極氏、四番の三の丸様が織田氏、五番の加賀様が前田氏の加賀殿である。秀吉の子供を儲けたのは二番の淀君一人で、あとの三人は子なしのお妾さんだ。しかし、太閤様ともなれば、子なしのお妾さんでも、このような麗々しい待遇を受けたものと見える。

子なしのお妾さんの加賀殿と比べれば、淀君の場合は、はっきりしすぎている。

おちゃちゃ懐妊す

天正十一年四月北荘落城当時十七歳だったおちゃちゃ御料人も、いつの頃か、秀吉に手をかけられて、同十六年に二十二歳で身ごもると、もうその翌年の正月淀

淀城に移る

城を与えられ、三月頃、城の修築ができあがると同時にここに移り、五月二十七

鶴松を産む

日に一子鶴松を産み落している。鶴松出産のために一城を提供したということは、おちゃちゃをば立派に側室待遇した証拠である。これを「淀殿」と呼んだのは何時からかというに、京都高台寺所蔵の四月十三日（天正十八年）付五さ宛の秀吉自筆消息には「淀のもの」とあり、吉川家所蔵の五月七日（天正十八年）付吉川侍従（広家）宛の秀吉朱印状には「淀之女房」と記している。この間に約一年経過してはいるが、秀吉は、恐らく、鶴松の誕生と同時に、「淀の者」「淀の女房」などと呼んでいたに相

淀君は後世の追称

違あるまい。これを一般の側からいえば、「淀殿」である。「淀君」というのは、

既に述べたように、秀吉や淀殿もあの世に去った大分あとの、江戸時代になってからの称呼にすぎない。『東浅井郡志』の編者は、おちゃちゃが淀城を与えられる以前、既に「二の丸様」と呼ばれて、大坂城の二の丸にいたとしているが、それは文禄年間のことであって、見当違いも甚だしい。

ただ、十七歳のおちゃちゃ御料人が、四十七歳の狒々おやぢにだんだんとたぶらかされて、否応(いやおう)なしに、その掌中の玉とされたいきさつは、まあ姫の実例に徴して、ほぼ推測されよう。まあ姫の場合は、柴田勝家の家臣で佐久間十蔵という三歳年上の婚約者があった。その未来の夫の十蔵は北荘で勝家と共に壮烈な最期を遂げている。このことは、十四歳の乙女まあ姫にとって、悲痛な打撃であったに相違ない。しかし、この悲しみの思い出を胸にたたんだまま、彼女は敵の大将秀吉にそのかぼそい手を取られていった。しかし、おちゃちゃの場合は、さらに因縁づくであった。彼女には、婚約者こそなかったものの(或いは、あったかも知れないが）、実父浅井長政と、継父柴田勝家と、それに、生みの母お市の方と、実兄の万福丸までを間接・直接に殺した当の仇敵の秀吉に、女の尊いものを捧ぐべく余儀なくされたのだ。これは、いくら運命とあきらめてみたとて、将来の栄達のためと割り切って考えてみたとて、感じやすい乙女の年頃である。心の痛手は、恐らく、終世拭いきれなかったであろうが、男の書いた歴史は、そんなことには、まるで無関心である。彼女の心境の臆測などは、小説家の当て推量に任せきりにされている。

四　鶴松の誕生とその死

おちゃちゃ淀城に移る

天正十七年（一五八九）というと、相州小田原遠征の前年のことだが、秀吉は、山城の国の淀城の改築にとりかかった。寵愛の結晶として、当年二十三歳のおちゃちゃが身ごもっていることを知ったからだ。既に五十三にもなってまだ、わが子というものを知らない秀吉としては、実に奇蹟ともいえた。淀城の普請工事は、秀吉の弟の大和大納言秀長を後見、細川越中守忠興を補佐として、この年の正月に始められ、三月頃にはできあがったので、おちゃちゃをここに移した。『下坂文書』所収の宮部宗治の覚書を見ると、二月二十四日江北の郷士たちが淀城の石垣を運ぶ手伝いにかりだされたことがわかる。おちゃちゃが淀に入城した時附添いとなったのは、叔父の織田長益と、実父浅井長政の一族浅井大膳介と、それから、彼

末弟は出家す

女の末弟蒼玉寅首座などであった。二人の兄弟の中でも、兄の万福丸は串刺の刑に処せられたが、弟の方は出家したので、命を全うしている。

淀君男児を産む

祝儀の品々

五月二十七日、玉のような男児が生まれ出た。秀吉が驚喜した有様は、想像に余りがある。彼は、直ちに、これを「棄」と呼ぶことにした。棄て児はよく育つという民間の信仰に従ったまでである。次男のお拾(頼秀)が生まれた時にも、わざと侍臣松浦讃岐守に命じて路傍に棄てさせ、改めてこれを拾わせたというから、お棄の際も、そのくらいな芝居は打ったことだろう。三十日には、禁裏から産衣そのほか、祝儀の品々が届けられた。時に秀吉は関白・太政大臣の顕職にあったからである。京都の堂上公家、諸国の大小名、我も我もと、先を争って、それぞれ慶詞も陳べ、祝いの品々が産屋に山積した。中でも、伊勢松坂の城主蒲生氏郷は、その先祖俵藤太秀郷が近江の三上山の大百足を射殺したという矢の根をば刀に仕立てて贈った、といわれる。京都・堺の町人たちも、御祝儀として、紅の袷の美しい産衣（うぶぎ）を沢山に献上している。

八幡太郎ともよぶ

お棄（すて）は、また、八幡太郎と呼ばれた。武運の長久を祈るためだったらしい。が、

鶴松と改む

程なく、鶴松と改名している。長生きに因んだ目出たい名前である。

鶴松を大坂城に移す

九月十三日というと、生後まだ四ヵ月に満たないが、秀吉は、鶴松を大坂城に移すことになった。これは、豊臣家の跡取りが既にきまったことを天下の人々に知らせんがための儀礼であった。当時の公家山科言経（ときつね）の日記である『言経卿記』によると、鶴松の入城に先だち、秀吉は大坂に下ってこれを迎えたが、時に、後陽成天皇は祝賀のしるしに太刀を賜い、堂上公家や大名たちもそれぞれ祝儀（しゅうぎ）の品々を贈った。

鶴松の大坂入城

美しい輦（てぐるま）に乗せられた鶴松の行列は、警固の装おいも物々しい武士たちに取り囲まれながら、淀川をくだり、大坂に入城したのである。

明けて天正十八年（一五九〇）は、秀吉が小田原遠征を敢行（かんこう）した年であるが、その正月に、京都の公家衆がわざわざ大坂に下向し、鶴松に年頭の祝儀の挨拶を陳（の）べ

ている。彼らは、関白秀吉の覚えを目出たくするためには、何かにつけて若君の御機嫌を伺うに限ることを、よく心得ていたようだ。鶴松もこれで二歳の春を迎え、生母の淀君は二十四歳になっていた。ついで二月十三日、鶴松は、秀吉に伴われて上京し、内野の聚楽第に入った。その頃、聚楽第内には秀吉の生母大政所と正妻北の政所が移っていたので、彼女らと対面させるためであったと思われる。

鶴松聚楽第に入る

三月朔日、秀吉は天下の大軍を指揮して東国に下向し、一気に伊豆の山中城を抜き、韮山城を抑え、四月に入って北条氏政・氏直父子を相模の小田原城に囲み、長陣の計策を立てた。その様子は、四月十三日付で北の政所つきの老女五さに与えた秀吉自筆の消息によって手に取るように知られる。文面は、北の政所に与えたものだが、「若君を恋しく思うけれども、将来のために、天下がおだやかになるように申しつけたいので、恋しさも思い切ったから、安心してほしい」といっている。若君とは、もちろん、鶴松のことだ。若君への愛着の情がいかに断ち難か

秀吉小田原城を囲む

北の政所に音信す

小田原陣中に淀君を招かしむ

ったかがわかる。それから、「みなみなへも申し触れ、大名たちに女房をよばせ、じっくりと小田原に落ちつくようにと命じ、長陣を覚悟させたので、わしもまた、淀の者をよびよせようと思うから、そなたからも早速いい聞かせ、前もって用意をさせてほしい。そなたの次には、淀の者がわしの気に入っているのだから、安心して小田原にやって来るように、淀へも、そなたから人をやって、いい伝えてくれ。わしも、この小田原で年をとることになろうが、年の内に一度はそちらへ参り、大政所（おおまんどころ）、又は、若君にもお目にかかりたいと思っているので、安心してほしい」と述べている。長囲の策を立てるについて、参陣の大名たちが退屈しないように、小田原にそれぞれ女房を呼び寄せさせ、総大将たる秀吉も淀の者を呼ぶことにしたのである。

この自筆の消息を見てもわかるように、秀吉は、どこまでも正妻としての北の政所（おね）の立場を認め、そのことわりなしに、内緒で淀君を身近く呼び寄せるよ

秀吉閨門の秩序を正す

うなことはしなかった。正室と側室との秩序を整然と定めていたのである。糟糠(そうこう)の妻には一目(いちもく)も二目も置いていたのだ。統一政治を厳格に行ってゆく秀吉の立場として、むしろ、当然のことであったといえよう。

『吉川家(きっかわけ)文書』所収の五月七日付岡崎吉川侍従どの宛秀吉朱印状や、『近江八相神社文書』所収の五月七日付新庄駿河守どの他一名宛秀吉朱印状によると、その翌月の七日、秀吉は、淀君の小田原下向に当って、東海道中の大名に命じ、飛脚・伝馬・人夫の用意をさせている。吉川侍従(広家)は三河の岡崎城を守備し、新庄駿河守(直頼)は近江の坂本城を守っていたからである。この朱印状の文面を見ると、秀吉は稲田清蔵という侍臣を急行させて淀君を呼び寄せようとし、近江の国の出身で淀君とも親しかった大野木甚之丞・草野次郎右衛門に供をさせ、また、一柳(ひとつやなぎ)越後守をも随伴させて下向するように命じたのである。

淀君小田原に下向す

そこで、淀君も、鶴松を上方(かみがた)に残して、直ちに小田原に下向し、秀吉に近侍し、

横浜一庵鶴松への土産物を調う

長陣の労苦を慰めたことと思われるが、奈良の興福寺多聞院の住職英俊の『多聞院日記』の天正十八年五月十三日の条を見ると、大和郡山の城主大和大納言秀長（秀吉の弟）と逢うため郡山に下向した大政所が帰洛するに当って、奈良の奉行横浜一庵という者が、若君鶴松へのお土産を調えたことが書いてある。金銀や絹布は御完備なされていることだから、若君へ御進上のため、二尺・三尺に車を作り、堀川御所夜討の場面をば、馬・人形・屋造り以下、金物・彫物・作花など、美麗の限りを盡し、奈良中の細工師を動員して、金蔵院で仕立てたが、一見しただけで肝を潰すほどだ、と記している。なお、英俊の批評として、まことに結構を盡しているが、要するに、要らざる造作であり、無用の費えだ、と述べているところが面白い。ともかく、秀吉や、大政所や、鶴松の御機嫌を取るために、奈良奉行でさえ全力を傾けた様子がわかる。

鶴松の玩具の屋形舟と堀川夜討の活人形

これは、『義経記』に取材した堀川夜討の活人形であった。ところで、現存の鶴松の玩具として有名なるものに、京都の妙心寺

鶴松の木像と玩具船
（京都市妙心寺蔵）

什蔵（じゅうぞう）の屋形舟（やかたぶね）がある。寺伝によれば、僅か三歳で亡（な）くなった愛児鶴松の面影を偲（しの）ぶために秀吉が造らせたということで、屋形舟の上に鶴松の木像をのせているが、木像は勿論あとで造らせたにしても、この屋形舟は、車の附いているところから推して、或いは、奈良奉行の横浜一庵が進上した物であって、鶴松の死後、堀川夜討の活人形を取り去り、その代りに鶴松の木像をのせたのではなかろうか。しかし、これは、勿論、私の臆測でしかない。

なお、秀吉は、五月十四日付で小田原陣

北の政所に与えた秀吉の手紙

中から北の政所に、また手紙を出している。その中に、「若君・大政所殿・五お姫・金吾・そもじ様、みな息災とのこと、満足している。いよいよ御養生を専一に」といい、また、「どのみち、今年中には、ひまになるだろうから、安心してほしい。年の内にそちらに参って、お目にかかり、積る物がたりを申しあげようと思っている。当てにしていてほしい。いよいよ若君を一人寝(ひとりね)させるように」と述べている。正妻の北の政所宛の手紙にも、淀君不在中の鶴松が息災で、ひとり寝していることだろうと、安心している気持を伝えたのである。若君は鶴松、五お姫とは養女にしていた前田豪姫(前田利家の娘)、金吾とは養子の羽柴金吾中納言秀俊(のちの小早川秀秋)、そもじ様とは北の政所を指している。

小田原落城

さて、小田原も七月五日になって、ようやく落城した。秀吉は十四日に奥羽地方を鎮圧する目的で小田原を出発することとなる。そこで、十五日に淀君を帰京

淀君帰京す

させることにした。『吉川家文書』所収の七月十日付羽柴筑前侍従(小早川隆景)・羽柴

新庄侍従（吉川広家）宛の秀吉朱印状によると、秀吉は、毛利氏の部将小早川隆景と吉川広家の両人に命じ、十五日には駿河の三枚橋（沼津）まで到着させるから、そのつもりで予め用意し、小荷駄三十疋・人夫六百人の同勢を滞りなく通過させるようにいいつけている。近江の大津に着くのに十一日間の予定だと沙汰してもいる。これによって、淀君帰洛の道中の模様がうかがわれる。箱根神社所蔵の七月十二日（天正十八年）付政所（まんどころ）宛秀吉自筆消息に、「十七日に会津へたつが、やがてひまになって、九月中には必ず上洛するから安心してほしい。それで、淀の五（ご）をも、十五日に上京させる」とあるのに符合する。「五」とは、婦人に対する敬称であるらしい。

奥州陣より鶴松に与えた秀吉の音信

奥州出陣中の秀吉が、鶴松の安否を気づかっていたことは、京都市里見忠三郎氏所蔵の日付・宛書欠（あてがきけつ）の秀吉自筆消息に、「また、若君殿は御機嫌よろしきや。御返事に、その様子をくわしく知らせてほしい。この地をしっかり押さえて、やがてやがて還京することに致そう」とあり、また、「お鶴松殿へもことづてしてくれ」と記しているのでわかる。鶴松に敬語を用いて、「お鶴松殿」と書いているのも面白い。

秀吉京都に凱旋す

奥羽の経営を了えた秀吉は、九月一日、京都の聚楽第（じゅらくてい）に凱旋している。その頃、朝鮮の使節が来朝し、京都に滞在したので、秀吉は淀に行く暇さえなかった。一方、淀君は小田原から帰京すると、程なく、鶴松を連れて淀城に戻っていたらしい。そこで、秀吉は、愛妾淀君と、その愛児鶴松に対する思慕の情やみがたく、

淀君に与えた秀吉の手紙

淀君宛に手紙を送った。これは、『水野文書』に収めているが、現存の淀君宛秀吉自筆消息として初見のものである。「その後、文（ふみ）も差し上げないので、心配していることと思う。若君はいよいよ大きくなったか」と記して、淀君の安否と鶴松の生長ぶりを問い、「そちらの火の用心、又は、下々（しもじも）まで秩序がみだれないように、かたく申しつけるのが大事だ」といって、淀城の火の用心、城内秩序の維

淀君をお袋さまと呼ぶ

持などについて注意し、「二十日頃に必ずそちらへ参り、若君を抱き申そう。そうして、そのついでに、そもじをも、そばに寝させ申そうと思っている。待っていなさい」と書いている。宛書は、「おちやちや」となっている。

大体、淀君に与えた秀吉の消息は五通しかのこっていない。そのうち、ずっと晩年のものは、「おかゝさま」、又は、「おふくろさま」としてあって、「おちやちや」と呼び名を書いたものが三通だけ伝わっている。年代順に見て、その最初のものがこれだが、相手の感情もはばからない、いい気な手紙といえる。もちろん、これに対する彼女の返事などはのこっていない。

しかし、いいいいおちゃちゃも、いかに勝気な女性とはいえ、女は嫁しては夫に、老いては子に従うように習慣づけられている。愛児鶴松を儲けてからの彼女は、おのれに指し示された新たな前途をば、遁れられぬ宿命と感じながらも、直視せざるを得なかったに違いない。関白・太政大臣豊臣秀吉の跡取り息子の生母淀君としての豪奢な生活は、既に始まっていた。

秀吉が、淀君と共に、いかにその子鶴松を鍾愛し、いかにその成育を楽しんだかは、前に紹介した自筆の消息でよくわかるが、鶴松は、その後、淀城にいて、母の愛撫をうけて日ごとに成長し、はや三歳ほどになって、踊りなどを見物して喜んでいたらしい。寺村氏所蔵の秀吉自筆消息に、鶴松宛のものが、ただ一通のこっている。「御つるまつさま」と、御の字をつけているのが面白い。子煩悩なところを丸出しにしている。

鶴松乱舞を習う

「御手紙、かたじけなく思う。梅松を召しよせて、乱舞を習っているとのこと、めでたいことだ。ただいまそちらへ参るから、しっかり稽古していなさい」とある。鶴松のお守役から乱舞の師匠の梅松を召しよせることを秀吉に願い出たので、さっそくこれを承認し、鶴松に乱舞を稽古させて喜ばせようとしたのである。また、返し書には、「両人の御かゝ様へことづてしてほしい」とある。

両人のおかかさま

両人のおかか様というのは、北の政所(おね)と淀君とを指したもので、鶴松の養育については、二人が共に余念のなかったことがわかる。実子のない北の政所は、淀君と共に、鶴松をわが児のようにいつくしんでいたらしい。

鶴松病む

『多聞院日記』によると、天正十九年（一五九一）の閏正月三日の頃から、鶴松は淀城で病気にかかっている。そこで秀吉は、近畿の神社・仏閣に命じて病平癒（やまい）の祈禱を行わせた。そのため、奈良の春日神社にも三百石の寺領を寄進している。そのうちに病気も全快したようだが、その年の八月二日になって、また大病にかかった。秀吉は、大いに驚き、再び諸寺社に祈禱を命じた。奈良の興福寺の八講（はっこう）屋（や）では同音論（どうおんろん）を修し、高野山でもあらゆる祈禱を行い、近江木ノ本の浄信寺へも神前祈禱の沙汰を出している。浄信寺の本尊が地蔵菩薩だったからであろう。それから、洛中の名医を召して治療の秘術をつくさせた。しかし、その甲斐もなく、

鶴松死す

鶴松は八月五日に、三歳を一期（いちご）として、あの世に旅たったのである。

秀吉は、京都の東福寺にあって容態を気づかっていたが、その死を知ると同時

秀吉髻を断つ

朝鮮出兵は鶴松の死の悲しみをまぎらわさんがためとの説

に力を落とし、六日には髻を断って喪に服した。近衛信尹の日記である『三藐院記』や『吉川家旧臣所蔵文書』所収の八月六日(天正十九年)付吉川広家宛毛利輝元書状によれば、輝元や徳川家康などの諸大名が、おつき合いに髻を切り、それが積って塚をなしたとのことである。まして、生母淀君の悲歎の有様はいかばかりであったか、察するに余りあるといわねばなるまい。時に、彼女は二十五歳であった。

秀吉は、八月七日に清水寺に詣でて亡児鶴松の冥福を祈ったが、ついで九日からは摂津の有馬に湯治して憂悶の情を散じようとつとめたけれども、やる瀬ない悲哀はいよいよ加わるばかりであった。その頃、日本全国を平定した秀吉は、朝鮮出兵の準備に忙殺されていた。この海外遠征の計画は、少なくとも天正十五年の九州征伐の頃から彼の腹案にあったことで、鶴松の死とは何ら関係のないことだが、『三藐院記』を初め、林道春の『豊臣秀吉譜』などには、愛児を喪った悲痛の情をまぎらわさんがために急速にその実現にとりかかった、と説明しているほどだ。彼の海外経略が実に暴挙であったので、当時、そうした噂が諸方にひろまったのも、当り前であろう。

鶴松の葬礼

鶴松の葬礼は京都の妙心寺で行った。お守役の石川豊前守光重が同寺の住職南化玄興（なんげげんこう）和尚に帰依（きえ）していたので、秀吉に勧め、ここで施行したのである。導師は東林院の直指（ちょくし）で、大雲院の九天（きゅうてん）が拈香（ねんこう）し、妙心寺中に葬っている。法号を祥雲院殿玉巌麟公という。

秀吉祥雲寺を営む

そこで、秀吉は、鶴松のために、東山の大仏殿の側に祥雲寺を造営し、南化和尚を請（しょう）じて開山とした。慶長元年（一五九六）には、寺領三百石を祥雲寺に寄せ、鶴松の遺物をも寄附している。

鶴松の遺物

鶴松の木像

遺物には、宝劔・小鎧（こよろい）・玩具の船と、それから木像がある。宝劔は誕生日の祝いとして蒲生氏郷が献上したものである。

鶴松の画像

別に、画像も妙心寺に伝わっているが、木像が丸々と肥えているのに比べて、これは、やせていて、いかにも病身らしい風貌さながらを写している。死のやまいに取りつかれた頃に描いたものと見えるが、いかにも痛々しい。筆者はもとより明らかでない。

秀吉太閤と号す

さて、秀吉は、朝鮮出兵を決意すると、その年の十二月二十八日、関白職を甥の秀次（秀吉の姉瑞竜院日秀の長男、三好常閑斎一路の子）に譲り、ここに、太閤と号した。五十五歳の年の暮である。明けて文禄元年（一五九二）は朝鮮役開始の年だが、出陣寸前の正月十六日のことである。『細川家記』によれば、太閤秀吉の御伽の者竹田永翁を通じて、秀吉の和歌一首が細川幽斎のもとに贈り届けられた。

亡き鶴松を懐う和歌

亡き人の形身になみだ残しおきて行へ知らずも消えおつるかな

永翁の手紙には、「過ぎし夜、太閤様が亡き若君の姿を夢に御覧ぜられ、声を立ててお泣きになり、お涙が炬燵の上に落ち溜まるほどであった。その御心を汲んで、是非とも御返歌願いたい」とある。

そこで幽斎は、「この歌を拝見し、及びもなき私のような者までも、悲しみに誘われ、袖の涙が雨にもまさりました。惜しからぬ老いの身ゆえ、幻となっても、若君様の魂のありかをばたずねたいとさえ思いますので、心の底をいささか申しのべてみました。よろしく太閤様に御披露願いたい」と答え、

惜しからぬ身をまぼろしとなすならば涙の玉の行へたづねむ

の一首を返した。

幽斎の返歌

細川幽斎は、いうまでもなく、秀吉の和歌の師匠である。

大陸経略の妄想に血迷っていた太閤ほどの梟雄（きょうゆう）も、やはり、一個の弱い人間にすぎない。総出陣を前に控えて、今はこの世に亡き愛児鶴松への執着（しゅうちゃく）の念断ちがたく、そのいたけない容姿（ようし）を夢に見、泣きながら一首の和歌に心境を託し、師匠幽斎にこれを示し、同情を求めたのであった。もちろん、淀君とても、これと同様、いな、秀吉にもまさる悲歎の涙にかき暮れていたことであろう。

五　お拾(ひろい)の誕生

秀吉淀君を名護屋に伴なう

太閤秀吉は、朝鮮出兵の将士の総指揮をとるために、肥前の国名護屋（佐賀県東松浦郡）に城を築き、ここを大本営と定めた。そうして、文禄元年（一五九二）の三月二十六日、加藤清正・小西行長ら先鋒の諸将が渡海したのにおくれて、京都聚楽第(じゅらくてい)を出発し、四月二十五日に名護屋に到着している。『佐竹旧記』に収めている佐竹家臣平塚滝俊の書状によると、この時、秀吉は、小田原出陣の吉例にならい、淀君をも従わせた。輿の数が七挺ほど続き、実に見事であった、と記している。その一つに彼女も乗っていたのだ。太田和泉守牛一自筆本の『大かうさまぐんきのうち』によれば、この時、北の政所(まんどころ)（おね）・佐々木京極様（松の丸殿）・孝蔵主(こうぞうす)・おちやを相副えられて御同陣、とあるが、これは、牛一の記憶ちがいであろう。秀吉は、四月二十五日に名護屋に着くと、五月六日付で京都の北の政所に宛て手紙を出して戦況を報告している。その自筆の消息が現存しているからには、この際、仮りに北の政所が肥前に赴いたとしても、五月六日には帰京していなければならない。そんな不合理なことも考えられないから、北の政所の名護屋同行は事実とは思えない。それに、「おちや」とあるのも、老女の「おちやあ」であって、おちゃちゃ、即ち淀君とは別であろう。牛一は、小田原出陣の記事にも、「北の御方・佐々木京極様御同陣」と誤記している。恐らく、淀君と北の政所とを思い違いしたものと見える。これは、内閣文庫本『原本信長記』の奥書によれば、慶長十五年（一六一〇）八月二十三日、牛一が八十四歳の時の追記だから、無理もないことと思う。平塚滝俊の手紙の方が、むしろ正確であろう。

さて、朝鮮出兵は、たとい、これを威嚇戦争と解釈したとて、当時のわが国力を顧みない秀吉の暴挙に過ぎなく、結果としては無謀のそしりは免れないが、緒

わが軍は平壌に達す

戦は順調に進み、半島上陸以来三ヵ月で朝鮮の首都漢城を占領し、最前線は平壌に到達した。

秀吉朝鮮渡海を思い止まる

そこで、英雄的自信に気負いたった秀吉は、六月の初め頃には自ら渡海し、明の大軍を破り、一気に首都北京に動座しようと計画したが、後陽成天皇は勅書を下して、これを諫止し、生母大政所もひどく心痛し、徳川家康らの諸大名もその無謀を諫めたので、さすがの秀吉も、一時思い止まらざるを得なかった。

大政所死す

大政所は、わが子のことをひどく憂いたためか、その年の七月二十二日に、七十六歳を一期として果てた。秀吉は生母の病状の重い事を聞き、急いで帰洛したが、遂に死に目にも会えず、悲歎の余り、一時、悶絶したといわれている。

その後、秀吉は、再び名護屋に戻り、全軍を総督しているが、この間の淀君の消息は一向にわからない。いつ帰洛したかが不明である。

和議おこる

明けて、文禄二年（一五九三）明国との間に和議が持ちあがった。三月十六日、明

講和使名護屋に来たる

の将軍沈惟敬（ちんいけい）が西江（せいこう）にやって来て和を請うた。小西行長は、これと竜山（りゅうざん）に会見し、和議の条件を定めることとなり、五月十五日には、講和使謝用梓（しゃようしん）と徐一貫（じょいっかん）が名護屋城に到着している。

淀君大坂城二の丸に移り二の丸殿と呼ばる

そこで、秀吉は、五月二十二日付で、大坂城に留守していた北の政所に音信（いんしん）し、明の講和使来朝の次第を報告し、七―八月頃には必ずお目にかかるから安心してほしいと述べたが、その返し書（がき）に、「また二の丸殿が身持ちになったと承った。めでたいことだ。わしは子などほしくないから、そのつもりでいてくれ。太閤の子は鶴松だったが、よそへ行ってしまったので、こんどのは二の丸殿だけの子にしてよかろうと思っている」と記している。

ここに、二の丸殿とあるのは、前後の関係から推測して、明らかに、淀君のことで、当時彼女は、大坂城の二の丸に住んでいたことが、これでわかる。鶴松が亡くなってから、忌服（きぶく）を終えると程なく、大坂に移住したものと見える。今は世に亡き愛児への執念を断つためにも、淀城に留まるのは、堪えがたいことであった。秀吉も、そうした淀君の意中を忖度し、彼女に大坂移徙をすすめたに相違あるまい。

淀君再び懐妊す

この二の丸殿が懐妊したというので、北の政所は、その事をさっそく名護屋在陣中の秀吉に報告した。しかし、秀吉は、目出たいといいながらも、少々すねて見せている。子のない正妻への手前、照れてもいるのだが、懐妊したと聞いただけでは、まだ実感が伴なって来ない。それよりもなお、鶴松に対する追慕の情で胸の裡が閉ざされていたものと見える。

それから二ヵ月余りたって、八月三日付で、やはり、北の政所に与えた自筆消息を見ると、九月十日頃に名護屋をたち、そなたへは二十五－六日頃に参るつもりだから、安心してほしいと述べてから、「また二の丸殿もよろこんでいるだろう。めでたい」と書いているが、ちょうどその日、即ち、文禄二年の八月三日、

男児を産む

淀君は大坂城二の丸で男児を安産したのであった。

その報告が名護屋に届くと、秀吉は、八月九日付で、また北の政所宛に手紙を出しているが、その本文に、「さっそく、松浦（まつら）が人をよこして知らせてきてくれたので、満足に思っている。そもじよりも礼を云ってほしい。さだめて、松浦が児を拾ったとて、はやばやと知らせてきた。そこで児の名は拾子（ひろいご）と付けたく思う。下々（しもじも）の者まで、決しておの字をつけてはならぬ。ただ、拾、ひろいと呼ぶがよい。やがて凱陣するから、安心してくれ」とあり、返し書には、「くれぐれも、児の名は拾（ひろい）と付けたい。ここを二十五日に出発することにした」といっている。松浦とあるのは、秀吉の直臣（じきしん）松浦讃岐守重政のことだろう。その重政が児を拾ったと知らせてきたので、児の名は拾子と附け、下々の者にも、おの字を附けて呼ぶことを禁止した。これも、棄児（すてご）は育つ——という例の風習から出ている。その風習に従い「棄（すて）」と名づけた鶴松も早死したから、こんどは棄児をば松浦重政が拾ったことにして、これを拾（ひろい）と命名したものと見える。どちらにしても、縁起をかつぐのに汲々としていた秀吉の心状がうかがわれて、面白い。

秀吉大坂に帰る

「ここを二十五日に出発することにした」と知らせているが、秀吉は、実際には、八月の十五日に名護屋をたち、二十五日に大坂に帰り、二度目の愛児拾の顔を見ている。いかに欣喜雀躍したかが察せられる。

こんなわけで、秀吉は五十七歳、淀君は二十七歳で、再び一子を儲けることができた。しかも、それが、鶴松の場合と同様に、男児であったから、世嗣を得たよろこびは、何にもたとえようがなかったことと推察される。

関白秀次に出した淀君の手紙

ところで、同年の十月某日付に淀君が関白秀次に出したと伝えられる消息が、江州（滋賀県）坂田郡近江町の福田寺にある。差出し名は二字であるが、すりきれていて、よめない。宛書は、「人々御中参申させ給へ」となっている。淀君の自筆消息と伝えているものには、どういうわけか、差出し名の判明しないものが多い。伊勢の慶光院（三重県伊勢市）や近江の知善院（滋賀県長浜市）に現存するものも、この種類の

手紙である。しかし、その文面は、淀君らしく思われるので、一応、その内容を
ば紹介すると、「御湯治をすませて、はや、清洲(愛知県西春日井郡)まで還御なされたとの
ことで、御ねんごろの御ふみをいただきました。おめでたいことでございます。
太閤も一段と御機嫌よくいらせられ、ここのところ、聚楽に御成りなされました。
姫君も御息災の御様子です。やがて御上洛なされるとのこと、お待ちしておりま
す」とあり、返し書には、「くれぐれも、御ふみ頂き、うれしく存じあげます。
なお、おめでたいことを、かさねがさね承りましょう」といっている。

秀次熱海より帰洛の途に就く

これは、その頃、伊豆の熱海に湯治に行っていた秀次が、同年の閏九月十六日
に熱海を出発して帰洛の途に就き、十月三日、居城尾張の清洲に着いたので、その
ことを太閤や北の政所や淀君に報告した。それに対する淀君の返事である。秀次
は、同月八日、近江の柏原(滋賀県坂田郡)に至り、成菩提院に宿し、この消息を受取った
のであった。その間のくわしいことは、秀次の右筆駒井重勝の『駒井日記』によ

って知られる。この文面の中に、姫君とあるのは、秀次の娘である。当時、太閤秀吉とその甥の関白秀次との間には、表面上、何事もなかった様子が察せられる。

淀君に与えた秀吉の手紙

それから、同月二十五日付と推定される太閤自筆の消息がある。宛書は「おちや〳〵へ」となっている。その文面は、「一日はお手紙いただいた。返事をあげようと思っていたけれども、いそがしさにまぎれて、そのままになっていた。お拾は相変らず丈夫か。乳もよく飲んでいるだろうか。やがて、そちらへ参ろうと思っているが、罪科の糺明をすませてから行こう。そなたへわしが行ったならば業腹が立つことだろうから、まずまず、こちらで聞き届け、糺明をすませてから参ることに致そう」とあり、返し書には、「くれぐれも、拾に乳をよく飲ませて、一人寝させてほしい。そなたも、乳が足りるように、飯をよく食べなさい。少しも物事を気にかけてはならぬ。鷹の捕った鳥を五羽と、蜜柑の髯籠を三つ差し上げよう」といっている。「ふしみ(伏見)より　大かう」とあるから、当時、伏見築

拾の授乳を気づかう

城の監督をしていた秀吉が、大坂城二の丸の淀君からの音信に答えたものと見える。おちゃちゃ宛の秀吉の手紙で現存するものは、これで、二通目である。「返事をあげようと思っていたけれども、いそがしさにまぎれて、そのままになっていた」というのは、昨年（文禄元年）の八月から取りかかっていた伏見城普請のことに違いなかろう。但し、伏見築城の動機を拾の誕生に関連づけるのは、小瀬甫庵の『太閤記』にもとづく俗説であって、採るに足りない。「やがて参ってお目にかかるが、糺明がすんでから行く。すまないうちにわしが行けば業腹が立つから、まず、こちらで事情を聞き届け、処罰をすましてから参ることにしよう」と述べているのは、淀君の侍女の中で醜行のあった者を罰した一件で、『駒井日記』によれば、文禄二年十月のことと思われる。同日記によって、この頃の秀吉の動静を窺うと、閏九月二十日に大坂から伏見に行き、二十八日に入京し、十一月十八日再び伏見に赴き、それから尾張方面に鷹狩し、十二月十四日に大坂に帰っている。

伏見築城は拾誕生以前のこと

従って、この二十五日付の秀吉自筆消息は、文禄二年の十一月二十五日のものと推定されよう。尾張方面への鷹狩をしたから、その獲物(えもの)の鳥五羽を届けたのであろう。

秀吉自ら禁を破っておお拾と呼ぶ

ここで面白いのは、前に「下々の者まで、決して、おの字をつけてはならぬ。ただ、拾、ひろいと呼ぶがよい」と命じたにも拘らず、「拾に乳をよく飲ませ」といっている一方に、「お拾は相変らず丈夫か」と、自らおの字を附け、禁を破っていることである。以来、秀頼と名のらせるまでは、このお拾で通したようだ。そのお拾の養育について秀吉がいかに気づかったかが、これで十分に察せられよう。よく乳を飲ませて一人寝をさせよとか、乳が足りるように沢山飯を食べよとか、少しも物事に気をつかうなとかいって、その生母の淀君に細心の注意を与えている。

ところで、この年の十一月、疱瘡が大変に流行した。そうして、不幸にも、淀

淀君疱瘡にかかる

君もこの病に感染している。『駒井日記』にも、大坂城二の丸のお袋様が疱瘡にかかったことを記している。

秀吉病平癒の祈禱を行わしむ

そこで秀吉も、その病状を非常に気づかい、十二月七日、全国の寺社に命じて、病平癒の祈願を行わせた。そのうち、秀吉の右筆木下吉隆が常陸の鹿島明神に祈願を依頼した書状が鹿島神社に現存している。「大坂御ふくろ様が疱瘡をわずらいなされたので、さっそく御本復なされるようにと御立願なされたにつき、神前において御祈禱を行い、御札を進上された。それについて、米二百石を寄進なされるとのことだから、受納すべし」とある。日付は十二月七日、宛書は「鹿島社人」となっている。

病平癒す

種痘の法がまだ実施されない当時のことだから、重症の場合は、たとい命を取りとめても、皮膚に発疹の痕跡の残るのが普通である。いとしの愛妾があばた面になったのではと、秀吉も大いに気をもんだに相違ない。しかし、淀君の病も程なく平癒したようだから、あばた面も免れたもののようである。二百石の寄進米も、それほど高くはなかった。

しかし、淀君の身にとっては、この病の体験は、必死のものであったに違いない。容貌を唯一の頼みとする女性として、こうした病に襲われたこと自体が致命的であり、彼女は、恐らく、そこに何か、因果応報の恐怖を予感したかも知れないのである。

淀君に与えた秀吉の手紙

それから、これは、文禄三年のものと思われるが、某月三日付で、太閤が「おちや〳〵」に宛てた自筆の消息が、もう一通ある。お拾が、まだ乳は飲んでいるが、大分と成育し、よちよちと這って遊ぶ頃であろう。「お拾はよく〳〵遊んでいるか。精を出して乳を飲ませるようにいってほしい。そなたの乳が足りないと、乳が細くなって、養育に差し支えるから、乳人にそのように云いつけてくれ」と、やはり、お拾の成育を気にしている。

お拾の養育を気づかう

次に、「おかゝさまへ」とした秀吉自筆の手紙がある。お拾のお母様という愛

お拾に灸は無用

称にちがいない。これは、子供を中心として呼ぶからで、人間の感情に今も昔も変りないことが知られる。「見事のお便り送って頂いた。なんども〳〵拝見した。この地の普請を申しつけて、五―三日中に参り、積る物語りを申そうと思っている。また、この花入を一種進上しよう。やがて〳〵参上する折に、いろ〳〵のみやげを差上げよう」と書いている。淀君から音信として、品物を贈って来たのに対して、伏見にあって城普請の監督をしていた秀吉が、謝意をのべ、五―三日中に大坂に帰り、共に積る物語りをする考えであることをうちあけ、花入を進物に送り、やがて帰る際に、そのほか、色々な土産物を持って行こうと述べている。そうして、その返し書には、「くれぐれも、灸を、みんなでするがよい。ただし、お拾さまへは、御無用に願いたい。たとい、かゝ様がなされても、いけない」としている。これは、淀君に灸治をすすめているが、お拾に対しては無用で、たとい、母様の淀君がしてやってもいけないと注意したのである。「おひろい」が、いつの間にか、「御ひろいさま」と変ってきている。

そのうち、お拾も、だんだんと成長してきたので、お拾あてに出した太閤の手紙も数通出てくるが、その中で、「おかゝさま」即ち、淀君にことづてしたものもある。即ち、五月五日付で、お拾から端午の節供の祝儀に、前田利家を使として、太刀と馬とを贈ってきたのに対して出した礼状の返し書に、「おかゝさまへことづて申してほしい」とある。

お拾に与えた秀吉の手紙

それから、七日付で、宛書は「御ひろいさま」、差出しは「とゝ」とした面白い手紙もある。「ここもとの隙をあけ、やがて参ることに致そう」としているから、やはり、伏見から大坂城中のお拾に与えたものだが、「みやげに面子をお好みのようだから、唐まで尋ねにやることにしよう」とある。自分のことを「とゝ」といい、また、土産の面子を唐までも求めにやるなど、いとし児お拾のために、秀吉が、いかなる面倒をも惜しまなかった様子が偲ばれる。

淀君の権勢

大坂城の二の丸に在って、お拾の養育に専念していた淀君も、太閤世嗣の生母として、これまでよりも一層寵遇せられ、側室（そくしつ）ではあるが、その権勢他を圧するものがあったであろうと、推測される。彼女は、栄耀栄華（えいようえいが）も思いのままであり、恐らく、諸人羨望（せんぼう）の的（まと）となっていたに相違あるまい。

六　浅井一族の追善供養

天正元年（一五七三）江北小谷落城に際して、城主浅井長政がその妻小谷の方と三人の娘の助命を信長に願ったのは、彼女らがかよわい女の身であるという理由が主であったに相違ないが、いま一つの目的は、滅亡した浅井家一族の追善供養のためであった。従って、小谷の方も、惜しからぬ命を長らえながら、亡霊の供養に怠りがなかった。

小谷の方浅井一族の亡霊を供養す

『浅井三代記』によると、長政は、小谷の陥落も目近かに迫った八月二十六日の宵、菩提寺の住職雄山和尚を招き、小谷の奥の石切に石塔を造らせ、徳勝寺殿天英宗清大居士という戒名を刻ませ、石塔のうしろをくぼめ、自筆の願文を籠めたが、翌朝、籠城の将士を集め、雄山和尚を導師とし、石塔の側に坐り、家来衆

長政の石塔供養

石塔を竹生島の沖に沈む

や妻子の焼香を受けた。それから、ひそかに石塔を城から運び出し、琵琶湖の底深く、竹生島から八町ほど東の沖に沈めたという。そこで、城を枕に討ち死の決心もきまったのであったが、小谷の方は、落城の後、尾張清洲の城に引きとられてからも、琵琶湖のほとりを訪れるにつけて、竹生島の弁才天に参詣し、かの石塔を沈めた湖中に船をとどめ、亡夫の戒名を唱え、その冥福を祈ったといわれている。

淀君の菩提心

生母小谷の方の、このような菩提心は、おちゃちゃの幼い胸の中に深く刻み込まれたに相違ない。天正十一年（一五八三）越前北荘落城の時に、生母は遂に後夫柴田勝家の死に殉じ、十七歳の彼女は、二人の妹と共に羽柴秀吉に引き取られた。小谷の方がおちゃちゃら三人を敢えて死出の道づれとしなかったのは、浅井家の後生菩提をとむらわせるためでもある。淀君は、そのことをよく弁えていた。従って、秀吉の愛妾となることを宿命と観念しながらも、亡父母に対する菩提心だけは決して忘れていない。高野山の持明院に現存する浅井長政、及び小谷の方の画像は、この事実を証明して余りがある。

亡父母の忌辰に画像を納む

それに、その画賛に附記した前の南禅寺住職錬甫宗純禅師の附記がある。その文面を見ると、淀君は、亡父浅井長政の十七回忌辰で、同時に生母小谷の方の七回忌辰にあたる天正十七年(一五八九)の十二月、画工何某に命じて、父母の肖像を画かせ、これを持明院に送り、影供の用に供せしめたらしい。「有レ人」と書いて、淀君のことを明記していないのは、彼女がこれを内々に行ったからであろう。天正十七年十二月といえば、彼女が淀城で鶴松を産んで間もなくのことだ。年もまだ二十三歳であるし、秀吉の側室として地位も十分とはいえない。亡父母の追善供養といっても、かつて秀吉の仇敵であった浅井一族のことだ。それが大びらに施行できなかったことは、むしろ当然ともいえる。従って、それよりも四年も前の天正十三年に亡父の十三回忌の追善をば大坂二の丸様の名義のもとに持明院で執り行ったというような、『東浅井郡志』の編者の説には、どうも、賛成ができない。

高野山持明院の過去帳

高野山の持明院に、『浅井家霊簿』という過去帳が伝わっている。それを見ると、淀君は、「大坂二の丸様」の名義で、人を高野山につかわし、持明院において、亡祖父浅井久政・亡祖母小野殿・亡父浅井長政・亡母小谷の方、及び亡兄万福丸の追善供養を行わせ、日牌（にっぱい）の布施を納めている。

この過去帳には、それぞれの法名と歿年月日だけで、淀君が浅井久政らの追善供養を求めた年月日が記してないから、果たして何回忌の追修の時のものか判明しないけれども、淀君のことを「大坂二丸様」と記しているところから見ると、少なくとも文禄年間のものだということがわかる。或いは、文禄三年の五月、亡父長政の二十一回忌辰に当って京都に養源院という菩提寺を建立した際のことかも知れないが、確定はしかねる。『東浅井郡志』の編者は、これを天正十七年、長政の十七回忌辰の際のことと見ているが、「大坂二丸様ヨリ御志」の語句がある以上、その推測は誤っている。天正十七年には「淀殿」と呼ばれていた筈だからである。

淀君亡父長政のために菩提寺養源院を建つ

それから、『京都坊目誌』や『養源院鐘銘』などによると、淀君は、亡父長政の二十一回忌辰にあたる文禄三年（一五九四）の五月、長政のために京都に菩提寺を建て、養源院と名づけている。養源院は、いうまでもなく、長政の法号である。三十三間堂の東側にあたり、法住寺陵の北に位している。その昔、この地は法住寺殿の境内で、天台宗山門派の管轄するところであったという。そこで、秀吉も、翌年、三百石の寺領を寄進している。

秀吉養源院に寺領三百石を寄進す

養源院の開基は成伯

養源院の開基は浅井石見守亮親の次男成伯であった。『京都坊目誌』に「長政の子息贈僧正清伯」とあり、また、『浅井系図』（続群書類従巻一六二所収）に「久政の弟智山和尚」としているのは、共に誤伝である。

徳川秀忠夫人浅井氏養源院を再興す

慶長二年(一五九七)になって、後陽成天皇は、勅して成伯に紫衣を賜わった。二世の住持慶算(一説に光慶)は毘沙門堂に入ったので、本院の寺格をあげ、代々大僧正に補するのを例とした。その後、養源院は火災のために殆んど焼失したが、大坂落城、淀君の死後、元和七年(一六二一)、彼女の妹、徳川秀忠夫人崇源院浅井氏がこれを再興した。その時、先に関ヶ原動乱の際に伏見城において自刃した鳥居元忠の書院をここに移したが、その天井に血痕があったので、俗に、その部屋を血天井と呼んだ。その後、修繕ごとに徳川幕府が資金を下附するのを例としたということだ。亡父の冥福を祈る淀君の菩提心は、その妹徳川秀忠夫人によって継承されたのである。

淀君が、このように、時の権勢家太閤秀吉の愛妾として、また豊臣家の世嗣(せいし)となるべきお拾の生母として、大坂城二の丸において何不自由ない豊かな生活を送りながらも、亡父母の追善供養を心にかけていたことは、彼女の出発点の悲劇性

養源院の建立は淀君の悲願

を物語るにほかならない。文禄二年の冬にわずらった疱瘡の病も、亡き父母の怨霊の致すところと感じたか否かは別として、その翌年五月の養源院建立は、彼女の長年の悲願の実現であったに違いない。

淀君伏見城に移り西の丸殿とよばる

さて、伏見の築城は、文禄元年の八月に始まったが、同三年四月に一通り完成した。そこで、秀吉は、お拾と共に淀君をさっそく伏見に移そうとした。いわゆる移徙の儀は同月二十四‐五日と予定されたが、淀君の反対によって中止されている。お拾は当年二歳である。長男の鶴松も二歳の時に大坂移徙の儀式を行って早死した。その前例を踏むことを忌み嫌ったがためであるという。鶴松の夭折も、或いは怨霊のたたりと思っていたかも知れないのだ。

お拾が伏見に移ったのは、その年の十二月のことであった。淀君も勿論これに従って同城の西の丸に入った。これから、彼女は、二の丸殿を改めて、西の丸殿と呼ばれることとなった。彼女の二十八歳の年である。

七　北の政所と淀君

秀吉の正妻北の政所と愛妾の淀君が犬猿の間柄にあったということは、昔から有名な話となっている。

北の政所は糟糠の妻

北の政所は、身分こそ低いが、小者頭藤吉郎の時代から秀吉と労苦を共にした、いわゆる糟糠の妻であり、天正十三年（一五八五）三月十日、夫が内大臣となると同時に、北の政所の称号を勅賜され、従三位に叙せられたし、同十六年四月十九日には特に従一位に進められている。これに対して淀君は、もとをただせば秀吉の主君信長の姪に当り、江北の名族浅井長政の息女である。戦国の世の慣いで、母の婚家先が二度とも滅亡したために、仇敵秀吉の側室とまで落ちたが、元来は秀吉の主筋に当る。織田家の足軽頭浅野長勝の養女とは素姓が違う。しかし、正妻は

淀君は秀吉の主筋にあたる

正妻、妾は妾だ。そこには儼乎(げんこ)たる秩序が新らしく出来あがっていた。内心ではたといなんと思っていても、表面上、妾は正妻に対して頭が上らない。たとい、居館が隔っていたとて、一挙一動、北の政所の指図を受けて行動せざるを得なかった。秀吉も、正妻としての北の政所の立場を考えて、そのような処置を講じている。天正十八年の小田原陣中供奉(ぐぶ)の際の実例を見ても、さこそとうなづけるのだ。これは、愛情の問題とはまた別である。御奥の秩序であった。そこに、淀君の劣等感がないではなかった。侍女処罰の一件について、秀吉が彼女に対して、「少しも、ものごとを気にかけてはならぬ」と手紙に書いたのも、側室としての気がねをば除いてやろうという心づかいである。秀吉は恐妻家ではあったが、妾に対しても大変甘かった。前に鶴松、更にお拾を儲けたことによって、淀君の劣等感が次第に薄らいでいったことも、事実であろう。

秀吉は恐妻家

『絵本太閤記』『慶長小説』『閨閤伝(けいこうでん)』などによると、北の政所は才徳兼備の

秀吉の閨中は両派に分かるという

才媛であり、淀君は容姿双絶で、しかも嬌態綽約として、これに抜んでるものがなかった。北の政所は三条殿・加賀殿などを従え、その母大政所の指図も受けていた。また、淀君は、同じ江州の名族の出である松の丸殿京極氏と親しくし、浅井石見守明政の娘饗庭の局（淀君の乳母）、渡辺内蔵介の母正栄尼・大野道犬の妻大蔵卿の局（大野治長の母）などを従えていた。それで、太閤の閨門は自然と両派に分かれ、その暗闘は、端なくも茶の会に現われたという。

佐々成政白山の黒百合を北の政所に献上す

信長の旧臣佐々成政は越中富山の城主であったが、小牧の役の際に織田信雄に内通したので、天正十三年、秀吉に攻められて軍門に降り、上洛して御伽に侍した。しかし、同十五年九州征伐の後、越中の替え地として肥後六十万石を与えられた。そこで成政は、喜びの余り、返礼のつもりで、北国の地侍を頼み、加賀の白山の黒百合を取り寄せて、北の政所に献上した。北の政所は、この珍花を得たことを喜び、淀君やその妹君・正栄尼などを招いて茶の会を催そうとしたのである。

黒百合の茶会

北の政所は、茶の湯の巧者(こうじゃ)であったが、利休の娘で万代屋(もずや)の妻となったのを招き、茶会の用意を一任した。ところが、淀君は、万代屋に便りをもとめ、予め茶会の趣向を知り、急に使を白山につかわし、黒百合を探させた。さて、茶の会が開かれると、淀君がかねて承知の面持ちで黒百合を賞されたので、北の政所は、いささか不審に思ったが、茶の会は事なく済んだ。

花摘み供養

その後三日を経て、花摘みの供養が淀君の屋敷の長廊下で催され、北の政所もこれに招かれたが、さしも自慢にしていた黒百合の花が、撫子(なでしこ)などと一諸くたに、無造作に押し込んで活け捨てにされてあるのを見て、ひどく赤面し、さては佐々成政にたばかされたかと、くやしさの余り、成政を讒訴(ざんそ)した。そのために、成政も、やがて肥後を召しあげられて、切腹を命ぜられたが、北の政所と淀君との確執(かくしつ)は一層ひどくなってきた。成政の旧領肥後の国も、両人の勢力の均衡をはかって二分され、半国は北の政所がたの加藤清正に、半国は淀君がたの小西行長に分

成政切腹を命ぜらる

配された。朝鮮役にも、この両勢力を代表した加藤と小西が先陣を承ったが、非常に仲が悪い。秀吉の死後の天下分け目の関ヶ原合戦も、実は北の政所と淀君との戦いであった。万代屋の妻お吟がのちに後家となり、その父利休と共に命を失ったのも、淀君の指し金である、とまで説明している。

関ヶ原合戦も北の政所と淀君の戦いであったとの説

これらは、いかにも尤もらしいところもあって、面白い見方ではあるが、要するに創作めいた伝説であって、そのことごとくを信用することは、到底できない。

黒百合の話は創作にすぎない

白山の黒百合の話は、佐々成政が肥後を領していた天正十五年の六月から、切腹を命ぜられる翌年正月までのことであろうから、淀君がまだ淀城を貰って正式に側室となる前の事件として、余りにも権力が強すぎるし、万代屋の妻であったお吟が秀吉の御奥に上るというのも、おかしな話だ。成政の処罰は肥後一揆の責任を問われたからで、その理由も別に判然としている。関ヶ原合戦の解釈に至っては、余りにも単純すぎて、馬鹿々々しくさえなってくる。

勿論、婦人同志の間柄であるから、嫉妬（しっと）のための反目とか、勢力争いというようなものが無かったとはいえないが、これでは、誇張も甚だしいといわねばなるまい。両者の間に勢力争いのようなことがあったとしても、それは、天正十七年八月、淀君が鶴松を産み、お袋様としての地位を獲得してからのことであろう。

秀吉正妻の地位を重んず

しかし、天正十八年の小田原陣の時の様子を見ても、秀吉は北の政所に与えた手紙の中に、「そなたの次には淀の者がわしの気に入っているから、安心して召しよせてほしい。淀へも、そなたから、人をつかわして、いってくれ」と述べている通りに、正妻たる北の政所の地位を高く買っている。そなたの次には淀の者といい、淀君を小田原に招くについて、北の政所に納得させ、そのことを彼女の側から淀城に通告させている。決して無断で行っていない。正妻の存在価値を実にはっきりさせている。これは、単なる恐妻家的態度というのではなくて、閨（けい）門（もん）の秩序、いいかえれば、御奥の制度が可なり整っていたせいでもあろう。大坂

奥向の秩序を厳格にす

城・聚楽第・伏見城に関する掟書が若干現存しているが、それらを見ても、奥向の秩序が可なり厳格であったことが知られる。女中衆の非違をあばき、これを処罰した際の文書も遺っているが、実に苛酷を極めている。閨房においても、上下の序列の峻厳であったことがわかる。武断政治をもって天下統一を劃したほどの太閤秀吉が、だらしのない私生活をしていたとは考えられない。一夫多妻制は世の慣いであったが、妻妾の序列は案外整然としていたようである。

秀吉淀君をかばう

しかし、淀君との仲に再び愛児お拾を儲けてからの太閤は、少々変ってきたように思われなくもない。二十五日付で伏見からおちゃちゃに与えた自筆消息などを見ると、侍女処罰の一件で彼女の願いを聞き届けた上、「乳が足りるように、飯をよく食べなさい。少しも、ものごとを気にかけてはならぬ」などといって、淀君に細心の注意を払い、むしろ、他の妻妾などに対して彼女をかばう甘い態度を見せている。そこへ持っていって、文禄四年(一五九五)の七月に、関白秀次謀叛の事件が起った。

この秀次事件というのも、お拾の誕生が起因となって起ったといわれている。秀次は、秀吉の姉瑞竜院日秀（ずいりゅういんにっしゅう）の長男で、甥（おい）に当っている。長男の鶴松を失って以来、実子というものに恵まれない秀吉は、かねてから養子としていた甥の秀次を世嗣と定め、これに関白職を譲り、自ら太閤と号したのである。ところが、それから二年とたたないのに、側室淀君の腹にお拾が生まれた。わが子に対する太閤の熱愛ぶりは正気の沙汰とも思われないほどである。そこで、太閤の世嗣は将来お拾に代えられる。秀次の運命も究（きわ）まった、というデマが頻りと飛ばされた。このデマに引っかかって自暴自棄となり、乱行の果てに謀叛の嫌疑を蒙って自滅した秀次こそ、実に弱い人間であった。秀次事件の裏面に淀君一派の陰謀が行われたかどうかは、知るよしもないが、淀君と昵近（じっこん）の奉行石田三成の謀略によるものだという噂は持ちきりだった。

諸大名お拾に忠誠を誓う

秀次事件と同時に、天下の諸大名が提出させられた誓書の文面を見ると、

一、お拾様に対して、いささかも表裏別心があってはならぬ。お為になるように、守りたてまつるべきである。

一、すべて、太閤様の御法度の置目通り、相違なく、守ること。

一、お拾様のことを疎略に思ったり、太閤様の置目にそむく者があったならば、たとい、縁者・親類・知音であったとしても、ひいき・偏頗なく、罪科を糺明した上で、成敗申しつけること。

とあり、豊臣家二世となるべきお拾に対して忠誠を誓わせたのである。

秀吉お拾を熱愛す

かくて、お拾に対する太閤の熱愛ぶりは、日毎に高まった。慶長元年（一五九六）のものと推定される正月二日付の「御ひろいさま」宛の自筆消息を見ると、「お目にかかりたくてならないので、やがて参って、口を吸ってあげよう。このわしの留守に、人に口を吸わせているだろうと思うと、やりきれない」などとあって、

その惑溺さ加減は、正気の沙汰とも思われない。太閤のこうした狂態は、老年の病弱からもきていた。

秀吉咳気をわずらう

彼は、文禄四年頃から咳気を患い、心身共に日ましに衰弱していた。腎虚からきた撈咳だという説もあるが、明らかでない。ともかく、年老いて病に悩まされると、人間は愚痴っぽくて、疳がたってくる。太閤といえども、その例に洩れなかったと見える。老病と共に、死期を予覚し、お拾の将来を慮って懊悩したのも、無理ではなかった。

お拾を秀頼と改む

慶長元年の十二月十七日、お拾も秀頼と名づけられたが、翌年の四月には、秀頼のために京都に新第を築いている。その五月三日に伏見から送った手紙の差出には「大かう　とゝ」とあり、宛書は「秀さま」となっている。そうして、「節供には、必ずかならず参って、口を吸ってあげよう」と書いている。

秀頼左近衛中将に昇進す

九月二十六日、秀頼は伏見城から京都の新第に移った。二十七日には参内の上、元服し、従四位下左近衛少将に叙任せられ、二十九日には左近衛中将に進められている。時に秀頼は僅かに五歳の幼児であった。

秀頼に与えた秀吉の手紙

同年の十二月二日付で「とゝ」が「秀よりさま」に与えた手紙がある。「やがて歳末に参上するが、その時に口を吸ってあげよう。それまでは、誰にも、少しも吸わせてはならぬ。そなたのことは、こちらへ、却ってよく見えているのだ」とさえある。その返し書(がき)には、「おかゝさまへも手紙で申しあげたいが、そのつもりでいてほしい」としている。こうなると、太閤も、もう色気がなくなってきたようだ。秀頼あっての淀君の存在である。愛妾ではなくて、愛児のおかゝ様であった。

淀君に与えた秀吉の手紙

しかし、それから数日たって、十二月八日付で、「御ふくろさまへ」として、淀君に入念な手紙を送っている。それには、「この一両日は、お便りもあげていないので、お目にかかりたくてならぬ。秀頼に次いでは、そなたをばなつかしく思っていることは、おわかりあるまい。やがて六－七日の内に参上するから、積る物がたりを申しましょう。そのつもりで、待っていてほしい」とあるが、やはり、秀頼を対象の中心とし、「秀頼様が冷えないように、気をつけることが肝心だ」と書き、「くれぐれも、ここのところ、遠のいているので、ひとしおなつかしく思うばかりだ。秀頼様がこちらにいらっしゃらないので、留守のような気がして、格別手持無沙汰で、なんとも困っている」と気の弱いところを見せている。

秀吉醍醐の三宝院に花を見る

明けて慶長三年(一五九八)は太閤終焉の年であるが、その三月十五日に醍醐の三宝院で観桜の宴を催している。世に醍醐の花見というのがこれである。この日、太閤は気分もよく、一族をはじめ、天下の大小名を従えて一日の清興をつくしたが、

妻妾の輿の次第

太田和泉守牛一の『大かうさまぐんきのうち』によって、妻妾の輿の次第を見ると、一番が政所様、二番が西の丸様、三番が松の丸様、四番が三の丸様、五番が加賀様、六番が大納言殿御内としている。

この中、六番目の加賀大納言前田利家の正妻芳春院を除くと、あとは、太閤の

側室では淀君が上席

醍醐花見図屛風（部分）（兵庫県・土屋氏蔵）

妻妾であり、閨門(けいもん)の序列がうかがわれる。

一番の政所様は、いうまでもなく、正室北の政所、二番の西の丸様は淀君である。淀君は、淀城にいた時は淀殿、大坂城二の丸にいた頃は二の丸殿、伏見城の西の丸に移ってからは西の丸殿と呼ばれていた。このことを忘れると、とんだ人違いをすることになる。従来の解釈は全くでたらめであった。三番の松の丸様は側室松の丸殿京極氏、四番の三の丸様は三の丸殿織田氏、五番の加賀様は加賀殿前田氏である。慶長三年三月当時、こうした序列になっていた。側室の中では、なんといっても、西の丸殿の淀君が一番上席だったのである。

醍醐花見の短冊帖

この花見の状況については、『大かうさまぐんきのうち』をはじめ、小瀬甫庵の『太閤記』などにくわしい記事があるし、醍醐花見図屏風（兵庫県土屋氏所蔵）などというものも伝わっているが、最も価値の高いのは三宝院所蔵の国宝醍醐花見の短冊帖であって、この短冊帖には、花見の当日詠んだ太閤・妻妾・侍女・一族・大名衆の短冊百三十一枚が貼り込まれている。その中で、「にしの丸」と貼紙のあるものを挙げると、

淀君の自詠

あひをひの松も桜も八千世へん
　君かみゆきのけふをはしめに

はなもまた君のためにとさきいてゝ
世にならひなき春にあふらし

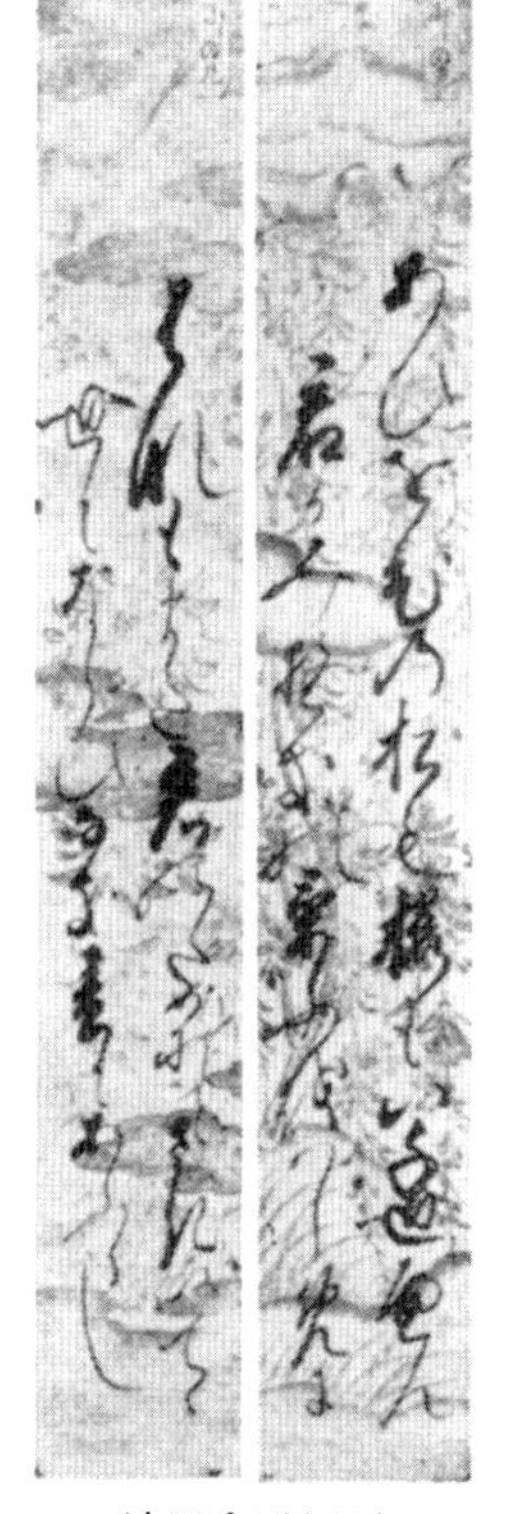
淀君和歌短冊

とある。これが淀君自詠の和歌であった。但し、筆蹟はどちらも代筆と思われる。

盃争いのこと

さて、ここで注目すべきは、この花見の席で盃争(さかずきあらそ)いという事件が起っている。

前田家に伝わる『陳善録』という記録を見ると、太閤が醍醐へ花見に行った時に、御手懸衆の京極殿と秀頼の御母様とが盃争いを始めたので、政所様と大納言様の上様が扱いに入った。そんなことがあったので、御花見もつらつらであった、と記している。

淀君と松の丸殿と盃の順序を争う

『陳善録』は前田利家の御伽衆村井重頼が記したもので、重頼が直接に利家か又は利家の正室芳春院から聞いた話を書き伝えたものであるから、この記事はまず信頼のおけるものと見なさねばならぬ。つまり、これは、淀君対松の丸殿の盃争いで、舞台は醍醐三宝院境内桜花爛漫の下、仲裁者が北の政所と芳春院夫人といった顔触れである。

松の丸殿淀君に二歩は譲らず

この事件から考えられるのは、まず次のようなことであろう。淀君・松の丸殿・三の丸殿・加賀殿という四人の代表的側室の中で、その勢力がひとり他を圧していたのは、勿論、太閤の世嗣秀頼の御袋様たる淀君であったに相違ないが、その淀君をば向うに廻して、二歩とは譲らないのが松の丸殿京極氏ではなかったか。

北の政所盃争いを仲裁す

俗説では、淀君と松の丸殿との仲は姻戚関係の上から至って親密であって、両者が結託して正妻北の政所と対抗したように伝えているが、これでは、まるであべこべだ。正確な史料の上では、北の政所が側室の淀君を敵視していたような様子は少しも見られない。これは、秀吉の対策のよろしきを得たためか、北の政所自身の性格の然らしめたところか、明らかでないが、少なくとも、この花見の盃争いの一件では、北の政所は、いかにも正妻然として、側室同志の争いの仲裁役を買って出ている。

淀君は松の丸殿の家来筋に当る

松の丸殿が、このように、淀君と盃の順序を争ったのには、確かな根拠がなくはないのである。彼女は、淀君のように世嗣を儲けなかったが、家柄においては淀君よりも上である。京極氏は近江の守護佐々木氏の一族であり、江北の守護代もつとめていた。淀君の父浅井氏も江北の古い豪族ではあるが、京極氏の被官人(ひかんにん)であった。いわば、家来筋に当っている。そこへ持っていって、松の丸殿は絶世

松の丸殿は絶世の美人との説

の美人であった。太閤の側室中随一の美容を誇っていたとも伝えられる。

松の丸殿大坂城西の丸に住む

松の丸殿が秀吉の側室になったのは、大体、淀君と同じ頃のことだったと思われるが、小田原陣にも文禄役にも供奉している。大坂城西の丸の館に居し、西の丸殿といわれた。この西の丸殿に与えた太閤自筆の消息が数通現存しているが、殆んど文禄三年頃のものであって、彼女の眼病を見舞い、有馬入湯に賛成し、灸・按摩などをすすめ、追って秀吉も入湯しようということなどを報じ、その懇切の情は文面に溢れんばかりである。いかに彼女が太閤に寵愛されたかがわかる。殊に、十二月十一日付で、おぐら・おくの両人に与えた消息などは、かつて信長の側室で当時西の丸殿の侍女となっていた小倉氏鍋、ほか一名の婦人に与えて、北の政所にも内緒で彼女を連れ出さんことを依頼したもので、いかに彼女を特別扱いに可愛がっていたか想像されよう。

秀吉松の丸殿を寵愛す

このような立場にあった松の丸殿が、淀君と盃の順序をめぐって勢力争いをし

淀君も松の丸殿もいずれも勝気な性格

秀頼権中納言に任ぜらる

秀吉秀頼の意に逆らった侍女を罰す

たのは、当然のこととうなずかれるが、両人がいずれ劣らず勝気な性格の女性であったことも否定できない。これと比べて、北の政所は、年齢の隔たりもあろうが、表向きに淀君などと争うことを欲しなかったもののようである。

醍醐の花見の盃争いは慶長三年三月のことであるが、四月二十日、秀頼は権中納言に任ぜられている。その翌月の二十日付で秀頼に与えた太閤の自筆消息が現存しているが、宛書が「中なごんさま」となっており、秀頼宛の手紙の絶筆と思われる。その文面もなかなか面白い。

これは、秀頼からの音信に答え、自ら秀頼の所に行って、秀頼の命令に背いたきつ・かめ・やす・つしという四人の侍女に対する処分を命じた時の手紙であって、「さて、きつ・かめ・やす・つしの四人が、秀頼様のお気にちがったとのこと、承った。沙汰の限りであるから、かゝさまに申し上げて、四人を一つ縄でしばり、とゝさまがそなたへお出かけなされるまで、待っていてほしい。わいが

北の政所のことを秀頼に「まんかゝ」と呼ばしむ

行って、ことごとくたたき殺してやろう」とある。それから一ヵ月ほどして再起不能の病床に就くのであるから、既に死の神にとりつかれていたとはいうものの、実に狂気の沙汰と見るべきだ。「かゝさま」とは、もちろん、淀君のことである。そうして、返し書には、「右京大夫はけしからん奴だ。みなみな、中納言様の気にちがった者は、これを、こき殺すほど、たたいたならば、御気にちがう者もなくなるだろう」と、同様のごたくを並べているが、次に、「まんかゝは、もはや、気分もよい模様だから、安心してほしい。おかゝへもことづてし、必ずかならず、参上してなりとも、山々お話したく思っている」と述べている。「まんかゝ」とは、政母（まんかか）、即ち、北の政所のことである。太閤が秀頼に北の政所のことを「まんかゝ」と呼ばせていたことがわかり、正妻北の政所も、「かゝさま」たる淀君と同様、秀頼をわが子同然に扱っていた様子が察せられる。

秀頼は、太閤の死後も、北の政所のことを「まんかゝ」と呼んでいたようだ。

まんかゝに宛てた秀頼の手紙

その証拠として、少なくとも慶長五年以後の筆蹟と推定される十月二十五日付の秀頼自筆の消息の宛書に、「まんかゝ様」としたものが現存する。「この頃は、すっかり無沙汰しているので、お見舞いのために、手紙を差し上げる。ここのところ、ことのほかの寒さである。そちらも同じことだろうと推量している。何か御用のことがあれば、承りたい」としている。

こんなところから推測すると、北の政所に対しては、秀頼も可なり敬慕の念をもっていたことがわかり、その生母の淀君も、それほど反感をもつ筈はなかったと思われるのである。

秀吉六十二歳で伏見に死す　五大老に宛てた遺言状

太閤は、慶長三年(一五九八)の八月十八日、六十二歳を一期(いちご)として、伏見城に果(は)てた。その十数日以前に、再起すべからざるを悟ってしたためた五大老宛の遺言状は、遺憾なきまでに、この英雄の末路の悲哀を物語っている。「秀よりが成りたちますように、この書付に書いた方々、よろしくお頼みします。なにごとも、このほかには、思いのこすこともありませぬ」とあり、また、「くれぐれも秀頼のこと、お頼みします。五人の方々、お頼み申し上げます。くわしいことは、五人の奉行どもに申しわたしました。名ごりおしいことです」と、綿々として哀願している。時に、秀頼は六歳、淀君は三十二歳であった。

淀君秀頼を伴って大坂城西の丸に入る

太閤の死後、慶長四年の正月十日、淀君は、その遺言に従って、秀頼を伴ない、大坂城西の丸に入った。この時、徳川家康以下の五大老も、これに従っている。

北の政所京都三本木に移る

これも太閤の遺言による。そこで、北の政所も、その年の九月、大坂城を出て京都三本木の屋敷に移っている。その理由がどういうことにあったかは知るよしもない。或いは、太閤の生存中における暗黙裡（あんもくり）の葛藤（かっとう）が、その死後、次第に表面化したためと推測されなくもないが、もう一つの理由として挙げられるのは、淀君の素行問題について忌まわしい風評が飛んだことである。

淀君の素行問題についての風評

それについては、次章にのべることとするが、ともかく、豊臣家二世秀頼の生母として大坂城に籠って

北の政所剃髪して高台院と号す

高台寺を建立す

からの淀君は、もはや頭の押え手のないままに、持ち前の勝気な性格をむき出しにし、気儘な挙動が多かった。これに対して北の政所は、穏健な態度を持する

秀吉夫人高台院画像
（京都市高台寺蔵）

ことにつとめ、太閤の冥福を祈るために剃髪し、慶長八年の十一月三日には、高台院の号を勅許されている。そうして、同十年には徳川家康の援助を受けて、京都東山に高台寺を建立し、ここを太閤及び自らの菩提寺と定め、伏見城の建築の一部、太閤の遺物などをここに移し、浮世の変転をよそ目に、念仏三昧の余生を過ごし、寛永元

七十六歳にて死す

年(一六二四)九月六日、七十六歳をもって果てている。

淀君秀頼と共に自刃す

これと比べて、淀君は、秀頼を擁立して、天下分け目の関ヶ原合戦後、旭日昇天の勢いにあった徳川氏に対して一歩も譲らず、大坂再度の決戦を経て、元和元年(一六一五)五月八日、太閤の築いた天下の名城を枕とし、愛児秀頼と共に自刃している。

大坂落城に対する北の政所の感慨

当時、高台院に在った北の政所は、仙台の伊達政宗に音信を送り、「大坂の御事は、なんとも申しあげる言の葉もございませぬ」と、その無量なる感慨を洩らしている。実に行いすました尼僧の淡々たる心境であった。

淀君は側室の身分でありながら、太閤の面目を全うせんがために、二世の主秀頼と大坂城に殉じた。女だてらの玉砕(ぎょくさい)主義である。自己の面子(めんつ)のために、秀頼と大坂城を犠牲に供したといえなくもない。北の政所は正妻でありながら、大坂城を去って、豊臣家の仇敵たる徳川家康の庇護(ひご)を受けつつ、太閤の冥福を祈り、天寿を全うした。彼女は家康から河内の国の内で一万三千石の化粧料さえ貰っている。要領よく婦徳を全うしたともいえる。草葉の蔭の太閤秀吉が果たしていずれをよしとしたかは、問題であろう。

八　関ヶ原合戦前後における淀君

慶長四年（一五九九）の正月十日、当時七歳の秀頼を伴ない、大坂城の西の丸に入った淀君の身辺には、その年の九月に北の政所が京都三本木の屋敷に移ると程なく、芳しからぬ噂が流れはじめた。

淀君大野修理と密通せりとの風説

毛利家の編纂に『萩藩閥閲録』という古文書集があるが、その中の毛利家臣内藤氏の文書に、慶長四年の十二月二日付で、内藤隆春が宍戸元家に上方の形勢及び風説を報告した書が載っている。その一節に、「お拾様の御局をば大蔵卿といったが、その子に大野修理という御前のおぼえもよい人があった。それが、お拾様の御袋様と密通するという事件が起きて、これを打ち果そうとしたけれども、その後、修理は宇喜多家に引き取られた」とある。

大野修理は美男との説

秀頼の乳母大蔵卿の局の子に大野修理亮治長という侍がいた。当年三十三ぐらいであったというから、大体、淀君と同年輩だが、頗る美男だったらしい。この治長が御前のおぼえ目出たく、彼女に近接しているうちに、密通のうわさがひろまったため、成敗されそうになったが、宇喜多秀家がかくまった、というのである。

太閤の死後、愛妾の淀君は後家となったが、まだ三十三歳の女盛りである。晩年の太閤は病弱だったし、既に数年間にわたる空閨の淋しさに堪えられなかったと見える。そこで、美男子の治長とスキャンダルを起した。有り得る話ではある。

情事は事実か否か判明せず

この噂がもとで、淀君は頗る淫蕩的な女性と見なされ、治長との情事も、戯作者によってさまざまと粉飾され、大野修理は大坂城中の獅子身中の虫ということにもされている。しかし、事実は、果たしてどの程度であったか、判明しない。但し、淀君が、婦人の身でありながら、豊臣家二世秀頼の後見役として、天下の財宝を貯えた難攻不落の大坂城に在って、生来の勝気の性格をむき出しに、勝手気儘(きまま)に振舞っていたことは事実であろう。

徳川家康誓約に背く

ところが、太閤の死後、程なく天下の形勢は急変し、五大老の筆頭の徳川家康と五奉行を代表する石田三成との二派に勢力が分かれた。家康は、太閤の遺言を守らず、誓詞の筈にそむき、有力大名と私(ひそ)かに子女の婚約を交わし、勢力の充実を図っていた。

石田三成家康の違約を責む

これを野望と認めた三成は、他の大老や奉行たちと協議して、家康の違約を責めたが、効果があがらない。そこで、大坂屋敷を襲撃しようとしたが、家康は巧みに伏見城にのがれ、ここを根拠として、人心の集攬(しゅうらん)を図った。

秀吉恩顧の武将たち家康に心を寄す

太閤の在世中から三成に反感をもっていた大名たちは、次第に家康に心を寄せるようになっていった。それらは、殆んど太閤子飼(こがい)の武将であって、加藤清正・浅野幸長(よしなが)・福島正則・黒田如水(じょすい)・同長政・蜂須賀家政・細川忠興・池田照政・加藤嘉明・藤堂高虎などの名が挙げられる。

彼らは、太閤の忘れ形身の秀頼にはもちろん敬意を表していたが、石田三成が

三成と淀君に反感をもつ

取り入っていた秀頼の母公淀君に対しては、三成に対するのと同様の反感をもっていたらしかった。彼らの多くの者が、太閤の存生中から、正室北の政所の寵顧(ちょうこ)を蒙っていたせいでもある。

北の政所の寵顧を蒙る

豊臣家臣は二つに分裂す

諸将らは、豊臣家の将来を憂えて家康を除こうとする三成に対して、しばしば襲撃を加えようと試みた。太閤恩顧の家臣たちは、ここに、大きく二つに分裂した。このことは、老獪(ろうかい)きわまる家康の喜ぶところであった。思う壺にはまったのだ。家康は、むしろ、諸将らの襲撃から三成をかばい、巧みにこれを利用しようとして、その機会を待っていた。

家康三成を利用せんと図る

関ヶ原の石田は賤ヶ岳の柴田と同じ立場

慶長五年(一六〇〇)九月十五日、天下分け目の関ヶ原合戦こそ、家康にとって絶好のチャンスであった。それは、あたかも、天正十一年四月の江北(ごうほく)賤ヶ岳の決戦と似ていた。羽柴秀吉は、織田家の旧勢力を代表する柴田勝家に事を起させ、これを打倒することによって、天下をわが手に収めた。家康は、豊臣家の旧勢力を代表する石田三成の挙兵を待ち、これを殲滅することによって、徳川の政権を確立したのである。

関ヶ原の石田は賤ヶ岳の柴田よりも潔かった

三成は挙兵と敗戦の責任をば一身に着た。累を大坂に及ぼすのを極度に嫌った。その点、信長の三男信孝を死出の道づれとした勝家よりも忠節であり、最期も潔い。しかし、それだけに、家康は、豊臣家二世の処置に困惑してしまった。

家康三成を関ヶ原に破る

秀頼の処置には触れず

関ヶ原の一戦で徳川氏の覇権が確立し、家康は、実力を行使して、三成を京都六条河原に斬り、西軍諸将の領地を削り、これを東軍の諸将士に分けたけれども、秀頼に対する主従関係は、これを急に断つことを憚った。叛逆の名を着せられるのを嫌ったからである。それに、関ヶ原決戦に際して、自から秀頼に異心のないことを諸将たちに誓った手前もあった。

家康征夷大将軍に任ず

それから二年半ほどたって、慶長八年(一六〇三)の二月、家康は朝廷に奏請し、右大臣・征夷大将軍に任ぜられた。源頼朝の故智にならって、東国に幕府を開き、

主従関係の逆転を図る

天下の大名の統帥権を握らんがための工作であった。ここで、豊臣と徳川の主従関係は名義上逆転した。

家康は、それまでは、自ら大坂に赴いて秀頼に年賀の辞を陳(の)べていたが、それからは、秀頼の使者が年賀のために伏見に来ても、答礼使さえ出していない。

淀君家康の深謀を計り得ず

しかし、これは、大坂方から見れば、太閤の遺命にそむく行為であり、秀頼の母公(ぼこう)淀君としても、赦(ゆる)しがたいことである。しかし、彼女は、秀頼生長の暁には政権が大坂に復帰するものと、心ひそかに期待していたらしい。狸老爺(おやじ)の深謀遠略を、女の身の、さすがに計りかねたのである。秀頼が十一歳、彼女は三十七歳になっていた。

家康千姫を秀頼に嫁がす

将軍となった家康は、大坂の懐柔策に乗り出した。秀頼を内大臣に任じた次には、一子秀忠の娘千姫(せんひめ)を秀頼に嫁がせている。千姫は七歳であった。この婚姻のことは太閤の遺命にもあったので、母公淀君の満足はひと通りでなかった。

豊国大明神の臨時祭礼

家康に豊臣家を亡ぼす意志なかりしが如し

秀頼（八歳）筆　豊国大明神神号

（福岡市・磯野七平氏所蔵）

明けて慶長九年（一六〇四）には、豊国大明神の臨時祭礼が未曾有の盛儀で行われ、見物の桟敷が二千三百余ヶ所に及んだ。これも、家康の助力によるものである。無心に喜ぶわが子のさまをながめて、母公も感激したに相違ない。

こうした懐柔策によって、大坂方の不安を除き、次第にその勢力を削り、これを無力な一大名たるに甘んぜしめるのが、家康の素志であった。何も、千姫を犠牲にしてまで、豊臣家を亡ぼし、遺孤殺害の罪名を着る必要はない。天下の大勢は既にきまっていたからである。

ところが、家康に、この素志を棄てて、遂に大坂討滅の決意を固めさせたのは、慶長十年(一六〇五)秀忠任将軍の際のことである。

家康将軍職を秀忠に譲る

家康が任将軍の宿望を遂げてのち、僅か二年で将軍職を秀忠に譲ったのは、これによって徳川政権の永続性を天下に示威すると同時に、大坂方の政権回復を全く断念させるのが目的であった。従って、これに先だって秀頼を右大臣に昇進させると共に、秀忠が将軍になるや否や、秀頼に自ら上洛して賀詞を呈することを促している。この時、家康のために使にたったのが、ほかならぬ「まんかゝさま」の高台院であった。

秀頼の上洛参賀を促す

秀頼がこれに応じさえすれば、自ら徳川隷属下の一大名たることを正式に承認することとなり、家康はそれで満足する。だから、家康は秀頼の上洛を期待した。しかし、その期待は見事に裏切られた。十三歳の幼主秀頼のうしろには母公淀君が控えていた。『当代記』の説によると、淀君は断乎としてこれを拒み、強いて

淀君断乎として秀頼の

上洛を拒否す

上洛を求めれば、秀頼を手にかけて自害も厭わない、と放言したということである。使者にたったのが、元太閤夫人だったせいでもあろうか。

太閤存生中は、北の政所には頭があがらなかった。それに、北の政所も正妻らしく立派に振舞っていたので、これを敵視する必要もなかった。愛児秀頼も「まんかゝさま」にはなついている。松の丸殿と盃争いなどはしても、「まんかゝさま」とは争うこともなかった。太閤の死後、その遺命に従って秀頼を連れて大坂城に移ると、北の政所はおとなしく京都三本木に身を退いて行った。むしろ、すまないと思ったくらいである。頭髪を剃って高台院と号し、太閤の菩提を弔うとは見上げたものであると思っていた。その高台院が家康の手先となって、秀頼の上洛を促してきた。秀忠に臣事（しんじ）した方がお為だといいたげな顔をしている。

高台院秀頼上洛催促の使者となる

淀君が北の政所の心中に本当に敵意を発見したのは、恐らく、この時だったであろう。

家康大坂討滅を決意す

淀君の拒否にあった家康は、苦笑したに違いない。この鼻っ柱の強い女が附いているからには、このままでは放っておけない。将軍職を秀忠に譲って大御所と称した彼は、既に六十四歳に達している。老い先も短かい。今のうちに万事かたづけて、後顧の憂いをなくするにしかずと、腹をきめざるを得なかったであろう。

大坂城の財貨の削減を策す

大坂討滅の決意を固めた家康は、まず、その勢力の削減を図った。『慶長中外伝』によれば、太閤が秀頼に譲った大坂城内の金額の総計は、金子九万枚、銀子十六万枚、金銭五貫文、銀銭二百貫文としているが、このほかに大判千枚吹きや二千枚吹きの金分銅が沢山あった。金銀だけではない。一色何千貫文もするような宝器・什物のほか、衣類・武具・弾薬・兵粮、その他の物資が九重の天守閣の各階層に山と貯えてある。私がかつて紹介した『大友家文書録』所収の卯月六日（天正十四年）付古荘丹後入道他二名宛大友宗滴（宗麟）書状によっても、その有様がよくわかる。黄金の茶室や茶器だけでも、値段にしたら大変なものである。ともかく、莫大な遺産であった。このような金めのものが、徳川打倒のための軍資金となる恐れは十分にある。関ヶ原残党の浪人者を集めるにも、これだけあればわけはない。そこで、万が一の危険を未然に防止するためには、これを消費させるに限る。

秀頼に勧めて社寺を修造せしむ

口実はなんとでもつく。老獪な大御所家康は、最も巧妙な手段を取った。豊臣の家運挽回の祈願や亡族の供養にかこつけて、神社・仏閣の修造を秀頼に勧めることだ。尤も、これまでにも、そのような方策を講じないでもなかったが、慶長十年以後は、いよいよその事に拍車をかけ、近畿地方の大社寺でその余慶を被らぬものは殆んどなかった、といってよいくらいである。

慶光院に与えた淀君の手紙

伊勢遷宮に備えて神宮に宇治橋を架けさせたことも、その一つであった。その時、淀君が伊勢の慶光院周養上人に与えた自筆の消息と称するものが、慶光院利敬氏の所蔵として今に伝わっている。日付は七月二十六日となっているが、慶長十年のものと推定される。

わざと人を差し上げました。いつぞやも申し上げたように、こんど秀頼が架けられた宇治橋は、遷宮よりも前に出来あがるように、市正によく申しつけておきましたが、市正の方から、普請奉行をたて、いよいよ橋を架けるとのことですから、安心なさるように。そのため、わざと使の者を差し上げたわけです。やがて奉行を下すようにと、固く命令しました故、御安心下さい。くわしいことは三位がお話しします。ここのところ、秀頼と二人とも息災ですから、安心して下さい。江戸でも、若君をやす〳〵と誕生なされたとのこと、これまた、御安心願いとう存じます。めでたく、かしこ。

片桐且元神宮の宇治橋架造のことに関係す

市正とは豊臣家臣片桐東市正且元のこと、三位は淀君の侍女である。宛書の慶光院周養は伊勢の慶光院第四世の住職である。慶光院は神宮に所属する尼寺で、代々遷宮の勧縁に従事してきた。代々の尼上人は公武祈禱のことにもたずさわって、その名を知られている。江戸の若君誕生とは、徳川秀忠の長男家光が生まれたことをいっている。

ただ、ここで問題にしたいのは、この消息の差出し名が「あ□」となっていることだ。次の一字がよくよめない。「あこ」とよめなくもない。しかし、「あこ」というのは淀君の侍女の名であって、淀君の名前ではない。淀君ならば、「おちやちや」とか、又は、「ちやちや」とあるべきだ。が、手紙の文面は、「秀頼」と呼びすてにしたり、「秀頼と二人とも息災」などといっているから、淀君が書いたものと考えられる。淀君自身が書いたものに、なぜ、「おちやちや」とせずに、「あこ」などと署名しているのだろうか。これは、従来「おちやちや」と書くべきところを、「あこ」という侍女の名前を借りたのだと解釈し、この手紙を淀君の自筆だと推定してきたけれども、私は、そのことを疑問に思っている。自筆の消息というものは、宛書に相手方の侍女の名を借りることはあっても、差出しに人の名前を借りるというようなことは、全くあり得ない。そんな例は一つもない。そこで私は、この消息は、淀君の侍女あこの代筆であって、淀君の自筆ではないと断言して、これまでの説を否定したいのである。

なお、これに類したものが、近江東浅井郡の知善院という寺にも伝わっている。日付は「廿七日」で、宛書は「さい将殿」とある。（絵口）

京極高次に与えた淀君の手紙

たびたび秀頼と私のところへお便り下され、うれしうございます。いく千とせまでもと、お祝い申し上げる次第です。若狭への御返事もまいりましたから、お届け下さい。殊にお祝儀（しゅうぎ）として金子五枚いただきました。めでたく、いく久しく申し承りましょうぞ。めでたく、又々、かしく。

いつぞやは、わざわざお下りなされ、うれしく思いました。御逗留のうちにこまごましい事もございまして、身勝手のように思われたに違いなかろうと、心外に思っております。めでたく、又、やがておのぼりの時をお待ちしております。かしく。

宛書の「さい将」は淀君の妹婿の京極宰相高次、文面に「若狭」とあるのは高次の子若狭守忠高のことである。高次に宛てて、その来訪を謝し、更に後会を期したものである。忠高が若狭守と称したのが慶長十一年三月のことだから、この淀君の消息は、大体、同十二―三年の頃のものと推測される。この消息の差出し名も、前のと同様に「あこ」とよめるから、侍女のあこの代筆と思われる。

「あこ」と署名した淀君の消息は侍女あこが代筆したもの

この二通の消息は、これまで淀君の自筆ということで通ってきた。しかし、私は、ここに改めて、これを否定し、侍女あこの代筆と推定したいのである。

伊勢の宇治橋の工事完成す

この問題はともかくとして、淀君を中心とする大坂城中の諸将や、片桐且元なども、うかうかと家康の策略にのせられ、社寺の造営に憂き身をやつしていたのは、痛々しいことであった。伊勢の宇治橋の工事が完成したのは、翌年の四月のことで、同月二十七日に清祓を修し、二十八日から十日間にわたって、千百余人の僧侶を集めて読経を行わせ、橋供養をしている。

このようなわけで、慶長十二年には更に北野天満宮を、十三年には鞍馬寺、十四年には出雲大社、十八年には金戒光明寺（京都市左京区）の御影堂、河内観心寺（大阪府河内長野市）の金堂などの修築を行ったが、同十七年には、京都方広寺の大仏殿が再建されている。

秀頼京都方広寺の大仏殿を再建す

方広寺の大仏殿は、これより先、天正十六年（一五八八）に秀吉によって造営されたのであるが、慶長元年の伏見の大地震で崩壊した。それをば、家康の勧めで秀頼が再興にとりかかったのが、同七年のことだが、その後、失火によって炎上したのを、同十三年から再び工事に着手し、資材を全国に集めて、十五年から二年間かかって完成されている。その経費の莫大であったことは、『当代記』にも、「太閤お貯えの金銭もこの時に払底した」と記しているほどである。しかも、家康は、諸大名に助力することを禁止している。助力を許したのでは、大坂財政攪乱の目的が達せられないからだ。熱田神宮造営の際に、肥後の加藤清正が助力を申し出たところが、勧進に及ばずといって、許可されなかった。しかし、『当代記』の記述は少々大袈裟であって、大坂城には、それでもなお、多くの財貨が残存していたらしい。

家康二条城で秀頼と会見す

慶長十六年(一六一一)の三月、家康は京都の二条城で秀頼と会見した。家康は既に七十歳、秀頼も十九歳になっている。会見の目的は、その機会に秀頼を殺そうとしたとか、大坂方がこれに応じなかった場合に攻略の口実を作るためであったとか、さまざまに解釈されているけれども、実際は、これによって、豊臣対徳川の主従関係が逆転したことを天下に誇示し、諸大名を徳川幕府の統制下に心服させようとするためであった。淀君は、この時も秀頼の身の上を気づかい、この時に

淀君反対せしも叶わず

一人で反対したが、周囲の事情で、どうにもならなかった。第一、この時は、秀頼自身でこれを買って出てさえいる。十九歳ともなると、母公の権力ばかりではどうにもならない一面が出てきていた。

しかし、この会見で、家康の目的は一応達せられたようなものの、その反面に、却って、大坂討滅の口実を見失ってしまった。痛しかゆしであった。

加藤清正二条城に供奉す

なお、この両者の会見に、秀頼の後見として加藤清正が二条城に供奉(ぐぶ)したことは、清正の人物を尤もらしく脚色づけたが、清正は、内心大坂方の将来を憂慮し、外面では家康と同調していた。あたかも、この年の六月二十四日、五十歳をもって病死したので、大坂方によってその死を惜しまれ、有名な毒饅頭(まんじゅう)説まで作りあげられたが、淀君・石田・小西などには元来反感を持っていた男だから、病死しなかったとしても、豊臣氏のためにそれほど役立ったとは思われない。清正も、

脚色化された忠臣

片桐且元と同様、脚色化された忠臣である。

九　大坂陣と淀君

家康大坂討滅の口実をつかもうとしてあせる

慶長十九年（一六一四）、大御所徳川家康は七十三歳を迎えた。老いてますます元気ではあるが、いつどうならぬとも予測できない。死は考えないにしても、体の自由が保証できない。せめて自分の目の黒いうちに、手足の達者なうちに、一日も早く素志を貫徹せねばならぬ。彼は、老耄のせいもあって、いささか焦ってきた。なんとかして、大坂討滅の口実をつかまねば困るのだ。

大仏殿落成す

秀頼に勧進させた方広寺の大仏殿もいよいよ落成した。伏見の地震で潰れた大仏も出来あがる。そこで、八月には、堂供養と開眼供養とが一緒に挙行されることにきまった。造営奉行の片桐且元は、一々家康の指図をうけて、その準備を進めている。家康は、開眼供養を八月三日、堂供養を十八日にするようにと命じている。且元も、そのつもりでいた。

家康堂供養を延期せしむ

ところが、諸般の用意もととのい、供養に参列する僧侶や見物人も入京した七月二十九日のこと、突然、供養を延期し、梵鐘の銘と棟札の写を差し出すようにとの厳命が、江戸から達せられた。棟札が異式であるし、また、鐘銘にも不審の点があるというのが、理由である。

棟札の異式を問題とす

鐘銘の不審な語句を非難す

以心崇伝の解釈

棟札の異式とは、大工の棟梁中井主水正公次の名が書いてないことだが、これは、筆者である照高院興意法親王の意見によったもので、日本も唐国も大伽藍の棟札には大工の名を記さないのを通例と見たからである。鐘銘の不審な点とは、「君臣豊楽、国家安康」の二句で、豊臣を栄え楽しませる一方に、安の一字を入れて家康の二字を裂いている。これは、殊更に、家康の諱名を記して、家康を呪詛したものだ、というのである。徳川家の御用掛となっていた南禅寺金地院の以心崇伝の摘発した結果であった。

鐘銘事件は、重大な結果をもたらした。銘の作者は博学能文の誉れ高い清韓和尚であった。家康は、この問題をば、得たりかしこしと取りあげ、さっそく、その当否を五山の禅僧たちに糺している。日頃から清韓の高名を嫉視していた僧侶たちは、異句同音に、彼を「五山不案内の仁」といって罵った。

林羅山の解釈

林羅山のごときは、更に、「右僕射源朝臣」の句を「源朝臣（家康）を射る」と解し、「君臣豊楽、子孫殷昌」も、「豊臣を君として子孫の殷昌を楽しむ」とよむ下心であると附会し、醜い御用振りを発揮している。

家康片桐且元を詰問せしむ

事態の悪化に驚いた片桐且元は、単身駿府に下って、直接家康に弁解しようとしたが、家康は面会を許さないで、本多正純と以心崇伝に命じ、且元を詰問させている。「鐘銘と棟札の一件は実に不都合であるし、大坂で浪人どもを召抱えているが、あれは何事か」というのであった。

大坂方浪人召集の件

浪人召集の事実は、果たしてあっただろうか。『細川家記』には、前年の二月

方広寺の梵鐘

から大坂方は挙兵を企てていた、とさえ記している。それは、甚だ誇張であるにしても、その事実が、慶長十九年八月当時、決してなかったとはいえまい。しかし、それにしても、大したことではなかったと思われる。その証拠として、徳川方では、既にこの年の三月から五月にかけて、イギリスから鉄炮や鉛を買い入れているのに対して、大坂方では、城内に鉄炮などを売り込もうとしたイギリスの商人を断ってさえいる。

大坂方はイギリス商人の鉄砲の売り込みを断る

淀君大蔵卿の局を駿府に遣わす

さて、鐘銘事件を耳にした淀君は、さすがに動顚したと見えて、さっそく、大蔵卿の局を駿府につかわし、秀頼に異心のないことを告げさせている。家康は、且元とは会わなかったが、大蔵卿の局には面接をゆるし、しかも、鐘銘問題などおくびにも出さず、「大坂に関することは、且元に残らず命じた故、且元から聞いてほしい。しかし、秀頼殿のことは決して悪く思っていないから、すべてを聞き流しにしている」と、言葉やさしくいい聞かせている。

家康大蔵卿の局を柔らかにもてなす

家康且元をおどさしむ

その一方では、且元に対して、「先年、内命を下して秀頼に加増を与えたことをば疎略に思っては、不義と見られようぞ。大坂で関東調伏(ちょうぶく)の噂があるが、けしからぬことだ」とおどさせている。そこで且元は、「秀頼公から誓詞を出させましょう」といったが、本多正純は「誓詞ぐらいではすむまい」と答えた。

且元は小心者

且元は懊悩(おうのう)した。そうして、この難題からのがれるためには、大坂を国替えにして貰うか、人質として秀頼公を江戸に詰めさせるか、母公の淀君を江戸詰めにするか、この三つの中の一つを選ぶほかあるまい、と決心した。小心者(しょうしんもの)の彼は動顚して、なすところを知らない。窮余の一策であった。

ところが、大坂へ帰る途中で、幸か不幸か、駿府を暇乞いしてきた大蔵卿の局とばったり出会った。局(つぼね)は、家康から、くわしいことは且元に告げたから聞いてほしいといわれた手前、委細を且元にたずねた。すると、且元は、自分の胸中で窮余の一策として考えた名案をば、家康の内意と称して報告したのである。家康

大蔵卿の局且元の心中を疑う

のやさしい態度に、すっかり安心しきっていた局は、びっくり仰天した。そうして、且元の心中を疑ったのも無理ではない。飛んでもない嘘をつく男だ。けしからぬ裏切り者だ。彼女は、且元に先んじて大坂にもどり、このことを秀頼や淀君に伝え、且元を讒訴したのである。

淀君大蔵卿の局の讒訴を信ず

これを聞いた淀君は、かんかんになって怒った。太閤様の築かれたこの大坂城を明け渡せとは何事ぞ。秀頼や妾を江戸に人質とは何事ぞ。大蔵卿の局のいう通りに、大御所がそんなことをいう筈がない。おのれ、且元の裏切者めが、と柳眉を逆立てた。大野治長も、もちろん、彼女たちに同調した。そこで、さっそく、且元を城中に入れて、刺し殺そうと計画したといわれる。

且元を誘殺せんとすとの説

且元登城せず

神経の鋭敏な且元は、早くも、この形勢を見てとった。そうして、病と称して登城せずに、兵を集めて、その屋敷を固めさせたのである。

そこで、淀君は、自筆の消息と誓書を且元に送って、登城を求めている。その写が、幸いに、『片桐旧記写』という記録の中にのこっているので、次に紹介しておこう。

且元に与えた淀君の手紙

気分がよろしくば登城なされることと、待っていましたが、お出かけなされないのは、折悪しきおわずらいで、なんともお気の毒です。何やかやと噂がたっているようですが、親子ながら、そなたのことは、少しもおろそかには思っておりませぬ。長年のお世話は、どうして忘れられましょうぞ。なんとしても、そなたを、ひとえに頼みにしていますが、お疑いの様子も見えますので、さしあたり、誓書を差し上げましょうぞ。思い切ってお話したいと考えていましたが、御登城の様子がないので、手紙で申し上げます。よく〳〵御養生専一になされませ。明日もお出でにならないようでしたら、また、お手紙差し上げることに致しましょう。御返事お待ちします。めでたく、かしこ。

廿六日　　ちや〳〵より

いち殿

なお、いろ〳〵とお話がございましたならば、致したく思っております。

めでたく、かしこ。

これは、消息である。宛書（あてがき）の「いち殿」は「東市正殿（いちのかみ）」の略称。差出（さしだし）が「ちや〳〵」となっている。淀君の手紙としては、このように署名するのが普通であろう。従って、原本は彼女の自筆に違いない。『片桐旧記写』は、片桐家に伝わった由緒正しい古文書を写したものだから、このように推測するのが当然である。片桐家の古文書は殆んど散佚（さんいつ）している。この淀君自筆の消息も、その一つであろう。焼けてなくなったのならば仕方がないが、どこかに現存していることも考えられる。

起請文前書（きしょうもんまえがき）のこと

且元に送った淀君の誓書

一、京・大坂で、さまざまな噂が飛んでいるとのことですが、われ〳〵親子共にそなたのことを、おろそかには思っておりませぬ。どのようなことを人がいっていても、聞き入れないで下さい。こちらも耳に入れませぬ。

一、秀頼も妾(わらわ)も、そなたの長年の御世話を、どうして忘れましょうぞ。そなたよりほかに頼みとする方もありませぬ故、いよ〳〵お頼みするわけです。親子共に、心中に、ゆめ〳〵、いささかも、おろそかには思っておりませぬ。

一、そなたさえ御異心がなくば、こちらとしましては、ゆめ、いささかも、約束を違犯しませぬぞ。

この三ヵ条を違犯したならば、上は梵天帝釈(ぼんてんたいしゃく)・四大天王、下は地神・八幡(やわた)・愛宕(あたご)・湯屋権現(ゆやごんげん)・祇薗(ぎおん)・賀茂(かも)・春日(かすが)、殊には氏神(うじがみ)、総じて大小の神祇(しんぎ)の御罰をこうむること疑いがありませぬ。

慶長十九年九月廿六日　ちや〳〵より

いちの正(かみ)殿

これは、誓書である。前書が三ヵ条から成り、次に誓詞をしたためている。慶長十九年九月廿六日と明記している。誓詞の内容は、消息のそれと大体似通ったものだ。且元に対する母子の信頼感を披瀝し、誓詞をしたためて、その登城を促したのである。

語句不明の淀君の手紙

このほか、二十二日付の消息が一通あるけれど、虫食いの箇所が多くて、前後の意味がつながらない。「そなたの身の上を大変気づかっていましたが、つつがない御様子で、うれしく思います」とか、「秀頼のこと、何分とも、親になり代ってお頼み申します」とか、「よろしく才覚お願い申します」とか、「この手紙は、早く差し上げようと思っていましたが、気分が悪くて、おそくなりました」などという文句が見える。

淀君も秀頼も且元に信頼す

この二通の自筆の消息や誓書の文面からうかがうと、淀君も秀頼も、随分と片桐且元を頼みにしていたらしく思われる。事実、そうであったに違いない。且元

且元は賤ヶ岳七本鎗の一人

は、賤ヶ岳七本鎗の一人で、太閤子飼の直臣である。七本鎗のことごとくが、徳川方に去ったにも拘らず、且元は、秀頼の輔臣として、どこまでも大坂から離れず、忠節を盡してきた。そうして、こんどの鐘銘事件でも、随分と苦労したに相違ない。淀君が頼もしく思うのも当然である。従って、大蔵卿の局が且元のことを讒訴した時も、一時は烈火のように怒ったものの、内心では、その苦衷を理解し、且元が登城さえしてくれれば、じっくり語り合って、その本心を知りたい。重大問題に対する意見も聞いてみたい、と思っていたことだろう。名誉心に富んだ勝気な性格であるとはいえ、淀君も、やはり女であった。父母を討ち取った敵の大将秀吉にさえ肌身をゆるさねばならぬ立場となれば、その屈辱にも甘んずるほどの、かよわい女である。女の宿命が到底さけられぬことを知り抜いていた。

しかし、周囲の情勢は、もはや、いかんともしがたい。大蔵卿の局・大野治長以下、城中のすべての者が、怒り心頭に発している。彼女も、もちろん、怒り狂っ

淀君且元の登城を期待す

た。秀頼も怒った。彼女は、且元を思う存分に面詰したかった。が、且元は病に事よせて登城しない。登城さえしてくれれば、却って事態が好転するかも知れない。彼女は、それのみを期待して、この誓書をしたためたらしい。

且元死を怖る

が、遂に、且元は登城しなかった。大坂の将来を思いながらも、自分の身もまた可愛かった。死を怖れたのである。

秀頼且元を追放す

ここに至って、秀頼は、遂に且元の祿を奪い、駿府と江戸へ且元不忠の顚末を報告した。これは、家康が突きつけた条件をば間接に拒否したことであり、事実上の宣戦布告であった。

且元茨木城に入る

十月一日、且元は大坂をのがれて、居城の摂津の茨木(大阪府茨木市)に入った。

鐘銘一件は大坂方を刺激するための口実

秀頼の通告を手にして、ほくそ笑んだのは、大御所家康である。鐘銘一件は、大坂方を刺激するための単なる口実にすぎなかった。その証拠として、問題の方広寺の梵鐘も銘も、そのまま現存している。銘文は元和・寛永年中に古活字版として刊行さえされた。

家康病を忘れて喜ぶ

敵が思う壺にはまるのを待ちに待っていた家康の顔は、急にあかるくなった。その時、本多正純が藤堂高虎に報告した書状を見ると、「大御所様はこんどの結果をお聞きなされ、大そう若やぎなされた」とあり、また「上様は、ちと御加減が悪くいらせられたが、大体の結末をお聞きなされてから、見る〳〵うちに、お体の具合もよくなられた。さて〳〵奇特な御事と存ずる」と記している。そのために、病気もけろりとなおったらしい。大坂城中の孫千姫のことなど、もちろん、眼中になかったのである。

東西手切れとなる

いよいよ東西手切れということになった。大坂方は、町中の米穀を城内に収め、近国からも糧米を徴すると同時に、太閤恩顧の大名たちに来援を請い、また、諸国の浪人を招いて軍備をととのえた。鉄炮や玉薬も堺あたりから買い入れている。

大名への依頼は、秀頼・淀君・大野治長・織田有楽(うらく)(信長の弟)などが手分けして、それぞれ使者を送って、救援を懇願した。その数は頗る多かったらしいが、一人として大坂の急に馳せ参ずる者はなかった。みな、反対に、誓書(せいしょ)を幕府に提出して、他意なきを示している。

諸国大名の大坂に馳せ参ずる者なし

福島正則の態度

太閤の小姓から成り上った福島正則などは、秀頼の婚姻の時には、西国の大名たちに誓書を出させるための斡旋(あっせん)もし、秀頼が疱瘡(ほうそう)をわずらった際には、まっ先に駈けつけたが、こんどは、大坂にあった米八万石の借用を秀頼から求められると、自由処分に任せはしたものの、救援の懇願に対しては、淀君を江戸に送って平和を図るに越したことがないと説いたということが、『当代記』や『駿府記』に記されている。この男も、やはり、淀君に反感をもっていたらしい。

毛利輝元の態度

毛利輝元は、家臣佐野道可(みちよし)を浪人として大坂に入城させている。そうして、城中へは米一万石・黄金五百枚を贈った。これは、『毛利家四代実録考証』の記(しる)すところである。

『東武実録』によれば、加藤清正の子忠広の老臣加藤美作守(みまさかのかみ)は、大船二艘を造って援兵を大坂に送ろうとし、秀頼の乳母(めのと)の子が肥後にいたのを大坂にのぼせ、横江甚四郎を大坂につかわし、東軍の敗報を聞くたびに喜んだという。

加藤家の老臣加藤美作守の態度

それから、大坂陣中、豊臣方に内通して罰せられたものも少ない。福島正則の旧臣で旗本の使番(つかいばん)を勤めていた青山清長と、茶人大名の古田織部の二人であった。

大坂城に内通した者は二人

浪人の募集に当ったのは、大野治長と、織田有楽(うらく)・津田左門などであるが、関ヶ原このかた、久しく天下の変動を望んでいた浪人たちが、これを千載一遇の好機とし、数万余も集まった。主なものは、真田幸村(さなだゆきむら)・長曾我部盛親・毛利勝永・後藤基次・塙直之(ばんなおゆき)などで、これと比べて、豊臣譜代の衆は、大野治長・同治房・同治胤・織田有楽・同頼長・青木一重・速水時之(ときゆき)・真野頼包(よりかね)・木村重成(しげなり)・薄田兼相(すすきだかねすけ)など、約三万人にすぎない。

大坂方に応募した浪人たち

これに対して、徳川家康は、約二十万の大軍を指揮して、十月十一日に駿府(すんぷ)を

家康父子茶臼山に陣す

出発し、十一月十八日、江戸を発した将軍秀忠と茶臼山に合している。

大坂冬の陣始まる

戦闘は、十一月十九日、大野治房らの籠るえた崎の砦の攻略に始まった。大坂方も全力を尽し、各所に東軍を邀え撃って、善戦につとめている。

家康の目的

しかし、この大坂冬の陣において、家康の目的としたところは、この挙によって、天下の大名たちが悉く幕府の統制に服し、大坂城を支援するもののないことを、大坂方に知らせ、これを精神的に屈服させようとするにあった。一挙に大坂を覆滅するのが目的ではない。相手を屈従させ、秀頼を転封させるか、城郭を破壊するかしたかった。しかし、大坂方が、もしその術策を見抜いていて、これを拒否する場合には、徹底的にやっつける覚悟である。二段構えの、巧妙な戦略であった。

家康の戦法

家康は、兵を損じないで、陣地を近づけて大坂城に肉迫し、大筒を放って人々を威嚇し、城内の戦意を失わせることに力めている。秀頼や淀君に対しては、特にこの戦法が効果的であるのを知っていた。

秀頼の人物

大坂方の総大将の秀頼は既に二十二歳に達したが、実戦の経験は、こんどが初めてだ。女の方にかけては、千姫のほかに、妾（めかけ）もあり、子も二人産ませて、一人前だが、暖衣飽食（だんいほうしょく）、遊堕（ゆうだ）に流れ、徒らに肥満している。十万の将兵を自在に統禦する器量に欠けている。太閤の忘れ形身だというのが、唯一の存在価値でしかない。しかも、この若大将を輔佐する者といっては、大野兄弟とか、織田有楽（うらく）とかいった、小姓・茶坊主の徒輩にすぎない。それに、母公淀君の存在は、重荷にこそなれ、少しもプラスにはならない。真野頼包以下七手組の連中にとっても足手まといになっている。譜代の衆と浪人者の間にも戦略の統一を欠くことが多い。

戦略の不統一

真田や後藤も、講談本で誇張されているほどの戦略家でも器量人でも決してない。人物の桁（けた）の低い連中ばかりである。

家康和を講ず

家康は、すべての敵状を見抜いての上で、和議を持ちかけている。まず、本多正純から織田有楽を説かせ、大野治長の弟治純をして治長を説かせ、更に、阿茶の局に命じて淀君の妹常高院を通じて淀君を説得させた。『譜牒餘録』によれば、

織田有楽は東軍のスパイであるとの説

織田有楽は東軍のスパイと見なされていたほどである。有楽は第二の片桐且元といえた。

有楽は、直ちに正純の説得に応じ、和議を斡旋することを報じ、治長も、一度和睦して時期を待つにしかずとして、これに賛同している。秀頼も初めは浪人たちと共に和談に反対だったが、母公淀君が有楽や治長の意見に傾くに至っては、

城中は次第に和議に傾く

次第に軟化した。家康は諸軍に命じて毎夜一斉に喊声を挙げさせ、また、城中を砲撃させた。それが、淀君や大蔵卿の局の心胆を寒からしめるのに効果があった。

『大坂冬陣記』によると、大坂方では、淀君を江戸に人質とするからといい、その代りに新参浪人の扶持のため加増を求めたけれども、家康はこれをはねつけた、とある。『当代記』によれば、四国の二国を賜わったならば大坂を退城しよ

うと持ちかけたのに対して、家康は、安房と上総ならばよい、と答えたという。

いろいろと条件が合わず、難航をつづけたが、明くる元和元年正月になって、大坂の知行も、秀頼や淀君や浪人どもの身上も元のままで、但し、有楽と治長が人質を出し、家康出陣のしるしとして、大坂城の総構の堀を埋めるということで和議が成りたち、家康と秀忠の誓書を受け取り、秀頼も、両御所（家康秀忠）に対して今後とも謀叛・野心を起さぬ、という誓詞を呈したのである。家康の誓書に「諸事前々の如く相違なく」とだけあって、堀埋めのことを口約にとどめたのは、これを悪用するための巧妙な謀略であった。しかし、それに気づいたものが、大坂方には一人もいなかった。

和議漸く成る

和議は成立した。秀頼も淀君も、ほっとひと息ついたに相違ない。家康は、秀忠を残して駿府に帰った。

秀忠内堀をも埋めしむ

しかし秀忠は、直ちに、安藤正次らを奉行として、大坂城の堀の破壊に当らせた。そうして、三の丸の外堀だけでなく、二の丸の内堀をも埋めさせた。これを知った大坂方は、大いに驚いて、奉行を責めたが、家康の命令だといって聞きいれない。

大坂方違約を責む

大坂では、直ちに使を駿府につかわし、その違約を責めたが、家康は、「奉行の誤り故、もとのごとく修理させる」と答えたと、『寛文日記』に伝えている。そのうちに、二の丸の千貫櫓（やぐら）を始め、有楽（うらく）屋敷・西の丸と修理（しゅり）（大野治長）屋敷をも引き崩し、その土材でもって内堀を埋めたので、二の丸まで悉く平地になり、本丸だけが残存するという悲惨な状態になってしまった、と『駿府記』に記している。堀埋めの工をおえた将軍秀忠は、正月十九日に大坂を去り、伏見を経て、江戸に帰っている。

大坂城総堀の破壊が城内の人々を痛憤させたことは、いうまでもなかった。『山本日記』によると、当時、江戸にあった福島正則は、冬の陣の戦況にはそれ

福島正則講和の成立に嘆声を発す

ほど関心をもたなかったが、講和の成立を耳にして、「南無三、してやられた」と、思わず嘆声を発したというが、尤ものことである。講和締結は、大坂城内外の総堀を埋めるための、家康の謀略にすぎなかった。

家康大坂方に再び難題を吹きかく

家康は、大坂が裸城となったのを見澄ましてから、再び難題を吹きかけてきた。秀頼を大和か伊勢に移すか、浪人どもを追放するか、二つに一つを選べ、というのである。

和議の誓約条件を破る

大坂方からすれば、国替えの要求は秀頼現状維持の誓約にもとるものであるし、浪人衆追放の要求も、故参・新参の身上を保証した誓約に反する。共に、不当きわまるいいがかりであった。大坂城を去ることも、浪人を追放することも、到底これを行うに忍びない。殊に総堀や三の丸・西の丸の一部も破壊された現在、いざという時に恃みとするのは浪人の将士あるのみだ。

秀頼国替えの宥免を請わしむ

元和元年(一六一五)の三月、秀頼は青木一重を、淀君は常光院・二位の局・大蔵卿の局・正栄尼(しょうえいに)などを、それぞれ駿府につかわし、国替えの宥免(ゆうめん)を請わせたが、家康は、これを却って東西手切れの口実とし、直ちに諸大名に出陣を命じたのである。

東西再び手切れとなる

大坂方は、冬の陣では籠城策(ろうじょうさく)を取ったけれども、夏の陣では、城堀が破壊されているから、城外に打って出るほか方法がない。野戦は家康の最も得意とするところで、大坂方には不利であった。しかし、城兵は、冬の陣の時に劣らず、十万内外の数に達してはいた。

野戦は大坂方にとって不利

家康は、二十万の大軍を手分けして、再び大坂城に迫った。大坂方は、敵の主力の出動に先だって、大和及び和泉方面に出撃し、その一部を破って気勢をあげたが、大勢に影響を与えるに至らなかった。浪人組の大将後藤基次は敵の後方攪乱を策し、片山・道明寺(大阪府藤井寺市)に出戦した。これに呼応して、木村重成などは八尾・若江(東大阪市)で奮戦力闘したけれども、成功を見ないで、共に陣歿している。最後は、岡山(四條畷市)・天王寺(大阪市天王寺区)附近の決戦であった。真田幸村や毛利勝永な

夏の陣の戦況

西軍は総退却す

秀頼出陣せんとして本丸にとどまる

三の丸も二の丸も陥る

本丸も陥る

秀頼淀君山里の丸に入る

どは一度ならず家康の本陣を潰乱させたが、結局、失敗してしまった。かくて、西軍は城内に退却し、東軍はこれを追撃して、三の丸に迫った。

城内の桜門に陣取っていた秀頼は、奮起して天王寺に向おうとしたが、出城を待って裏切り者が放火するかも知れないという流言を聞いて、本丸に止まった。この時、果たして台所頭の大隅与右衛門が裏切り、台所に火を放ったので、火焔は風に煽られて天に沖し、東軍はこれに力を得て三の丸に侵入している。大野修理屋敷も放火され、ついで二の丸も陥った。

郡主馬・津川左近などは、秀頼の旗と馬印を護衛していたが、これを千畳敷に立てて自殺し、渡辺内蔵助、その母の正栄尼、七手組の頭の堀田図書・野々村伊予守なども、次々と自刃している。

こうなっては、絶体絶命、手の施しようもあるものでない。城主秀頼は、母公の淀君・妻の千姫と共に天守閣にのぼり、自決しようとしたが、速見甲斐守の諫めに従い、山里の丸に入って戦火を避けていた。

大野治長秀頼母子の助命を乞わんとして千姫の脱出をはからしむ

大野治長は、窮余の一策を案じ、千姫を無理に脱出させて、秀頼母子の助命を乞おうと考え、その老臣木村権右衛門に命じて千姫に随行させた。千姫は、ついで坂崎出羽守に援けられて城内脱出に成功している。時に十九歳であった。

片桐且元秀頼母子の所在を秀忠に報告す

五月八日、寄せ手に加わっていた片桐且元は、秀頼母子の所在を秀忠に報告した。この行為こそ不快極まるものであって、且元の人となりの卑劣さが遂に暴露されている。大野治長などの純粋な行動と比べれば、且元こそ本当の裏切り者であろう。彼をあれほどまでも頼りにしていた淀君や秀頼に、最後に煮え湯を飲ませたのだ。

且元は果たして忠臣か

坪内逍遙は史劇『桐一葉』を書いて、且元を大坂城中の柱石とし、その苦忠を讃美し、大野修理をもって獅子身中の虫になぞらえた。しかし、このような史観は、江戸全盛期にものされた講談本の焼き直しにすぎない。ともかく、淀君は、杖とも柱とも頼む且元に背かれ、死亡の一路をたどっていった。女ごこ

大坂夏の陣屏風（部分）
（東京・黒田長成氏所蔵）

ろの浅はかさ、面目にこだわる気の強さが、わが子をも、豊臣家をも、大坂城をも破滅させたといえなくもない。

家康秀頼母子の助命を許さず

秀忠は井伊直孝に命じて、山里の丸に籠った秀頼母子を監視させ、茶臼山(ちゃうすやま)の本陣に行って助命の可否について家康と相談した。家康は助命を許さなかった。冷やかに、その素志をば貫徹したのである。秀忠の命を承った直孝は、この旨を大野治長に伝え、同時に砲撃を開始している。

秀頼淀君ら自刃す

治長は、力つきて、このことを秀頼に復命した。そこで、秀頼・淀君の母子は遂に自刃し、治長・速水守久・毛利勝永・真田大助・氏家(うじえ)道喜・竹田永翁・大蔵卿の局・右京太夫・宮内卿(くないきょう)の局・饗庭(あえば)の局などの男女が悉くこれに殉じている。大坂はここに、敢(あ)えなくも落城したのである。秀頼は二十三歳、淀君は『翁草(おきなぐさ)』によると、四十九歳であった。

十　むすび

主戦論・屈従論・自重論

　太閤秀吉の歿後、大坂方の徳川対策は主戦論・自重論・屈従論に分かれた。主戦論は関ヶ原で石田三成が試みて失敗し、自重論は加藤清正の保持したところ、屈従論は早くから伊達政宗が秀頼の前途を危ぶんで主張した説であって、片桐且元は、家康の大坂討滅決意の後にこの策をとろうとして失敗している。自重論は清正が病死したために実現されなかったけれども、大坂討滅を家康が決意するとすれば、これは、単なる理想論にすぎまい。頗る現実性に乏しいことになった。要は、決戦か屈服か、二つに一つを選ばざるを得ない運命にあった。

　しかし、関ヶ原合戦このかた、東西の勝負は既に決定的なものとなっている。大坂戦争は、やれば豊臣方が負けるにきまっていた。この負けときまっている戦争をやらねばならなくなったところに、大坂方の宿命と悲劇があったのである。

義戦と盗戦

孫呉の兵法によれば、戦争には義戦と盗戦とがある。秀吉が山崎に明智光秀を討ちとったのは義戦であったが、江北賤ヶ岳に柴田勝家を撃ち、信長の三男信孝を殺したのは、盗戦である。家康が信長の次男信雄を援けて尾州小牧山で秀吉と戦いを交じえたのは義戦であったが、石田三成を相手に廻した天下分け目の関ヶ原決戦は盗戦である。勿論、大坂冬・夏両度の陣も、豊臣家の天下を完全に奪うのを目的とした、明らかな盗戦である。盗戦は、それが盗賊と同様な行為であるだけに、こちらから仕かけたのではないように擬装する必要があるから、必ず相手方の戦意を誘発する手段をとってくる。無理難題をば持ちかけて相手の感情を挑撥し、先制攻撃に出させるか、宣戦布告を先にやらせる。義戦は先制攻撃に出る場合が多いが、盗戦は受けて立つのを常とする。

大坂攻めは盗戦

大坂陣は、徳川方にとっては、明らかに盗戦なのだから、家康としても、容易にその決心がつかないのが当り前だ。やるか、やるまいかと迷っていた老獪な家康に、最後の決断を促したのは、秀頼の母公淀君の激昂であった。慶長十年(一六〇五)に二代将軍となった徳川秀忠に対して秀頼の参賀を求めた際に、淀君は、これを敢然として拒絶し、強いて求めるなら秀頼を殺して自害するとまでいった。その狂態ぶりが家康に大坂討滅の決意を固めさせたのである。

淀君の狂態が家康の決意を促がす

秀頼を将軍秀忠のもとに参賀させたのでは、主従関係が逆転する。それが家康に対してだけならば一代ですむが、秀忠の場合は、その逆転の恒久性を承認したことになり、子孫代々、豊臣は徳川の旗下大名で終らねばならない。そこで淀君は、亡き太閤の威信と、秀頼の母公の面目にかけて、拒否したのである。

徳川の旗下に屈従するを潔しとせず

しかし、この拒絶の狂態ぶりは、実に認識不足であり、且つ、軽卒だった。もし淀君がこの際、家康が小牧の役の後に聚楽第に参賀した時のように、秀頼の参賀を実施させていたならば、豊臣家は或いは西国の一大名として、子孫が存続し

淀君の虚勢が豊臣家を亡ぼす

たかも知れない。それを、生(なま)じっか拒否したばかりに、家康に大坂討滅を決意させ、遂に方広寺の鐘銘事件のような無理難題を持ちこませることにもなったのだ。

鐘銘の語句の申し開きがやってのけられないで、家康の権力に威圧され、三つに一つの要求を恐慮(きょうりょ)し、それを家康の要求と偽って主家に示した片桐且元の言動は、臆病と無責任のそしりを免がれがたい。しかし家康の底意を見抜いた且元として、それ以外に方策がつかなかったのであろう。この時機になってから、たとい淀君が三つの要求のうちの一つをば受けいれて、彼女自身江戸に詰めて人質となったとしても、既に手おくれの観があった。条件が段々不利となれば、無理難題が次ぎ次ぎと出されるばかりであろう。

且元は臆病者で無責任

淀君は、豊臣二世秀頼の母公として、頗る冷静を欠いていた。余りに感情に走って、前途の見通しがつかなかった。太閤の死後も、その生前と同じく、母公としての権威が押し通せると自負(じふ)していた。それが、女性としての浅はかさである。

淀君は認識不足

関ヶ原合戦以後の大坂方の実力に対して、認識不足であった。

淀君の自負心は秀吉の寵愛になれた結果

この悲しむべき自負心は、何によるか。太閤の寵愛を余りにも深くうけすぎ、それになれていたからであろう。それならば、なぜそんなにも太閤に寵愛されたか。その理由が三つほどあると、私は考えている。

秀吉の寵愛をうけた理由

一つは、彼女が秀吉の初恋びとお市姫(信長の妹)の娘だけあって、かつての姫に似ているという奇縁があったこと。一つは、可なりな美貌の持ち主で、肉体的にも秀吉を満足させるものを持っていたこと。もう一つは、鶴松と、世嗣(せいし)の秀頼を産み、その母公となったこと。こうした三つの条件がととのっていた淀君は、他の多くの妻妾を凌いで、太閤の愛顧を一身にあつめることができた。そうして、その寵愛に甘え、正妻北の政所以上の自負心を持つようになった。それが、太閤の死後において次第に強烈なものとなってきたのは、遺孤(いこ)秀頼に対する偏愛の深まりと、孤立無援なるが故に高まってきた外部に対する反撥力の致すところと思われる。

淀君の艶聞

薩摩落の伝説

生来の性格は、その母お市の方や、太閤の正妻北の政所などよりも、遥かに勝気で、虚栄心も強く、女性としての弱点を多分に持ち合わせていたようだ。それに美女に附きもののスキャンダルは、大野治長との、とかくの風説を生んだが、更に江戸時代の戯作者によってものされた石田三成や名古屋山三との艶聞も人口に膾炙している。それに、秀頼の薩摩落に伴なう、淀君薩摩落の伝説もあり、また、上州の厩橋(前橋市)に遁れて晩年を淫蕩に過ごしたとする珍伝説も、近頃、私の耳にとめたところである。

略年譜

年次	西暦	年齢	事項
永禄一〇	一五六七	一	近江浅井郡小谷城に誕生。呼び名をちゃちゃという。
元亀　元	一五七〇	四	四月、父浅井長政、織田信長と断つ。
天正　元	一五七三	七	八月二九日、母お市の方（織田信長の妹）、小谷城を脱出して尾張清洲城に帰る。妹二人と共に母に従う。 九月一日、小谷落城。浅井長政自刃す。 一〇月一七日、兄万福丸惨刑に処せらる。
同　一〇	一五八二	一六	この年、母お市の方、柴田勝家に再嫁し、越前北荘城に入る。妹二人と共にこれに従う。
同　一一	一五八三	一七	四月二四日、北荘落城。母お市の方、勝家の死に殉ず。妹二人と共に羽柴秀吉に身を託す。
同　一七	一五八九	二三	三月、秀吉の愛妾となって山城淀城に移り、淀の女房と呼ばる。 五月二七日、鶴松を生む。 九月一三日、鶴松、大坂城に移る。

年号	西暦	年齢	事項
			一二月、父母の肖像を画かせ、高野山持明院に納む。
天正一八	一五九〇	二四	五月、秀吉より相模小田原の陣営によびよせらる。 七月、淀城に帰る。
同　一九	一五九一	二五	八月五日、鶴松、淀城に病死す。時に三歳。
文禄　元	一五九二	二六	三月、秀吉の肥前名護屋出陣に従う。 五月、これより先大坂城二の丸に移り、二の丸殿と呼ばる。
同　二	一五九三	二七	八月二日、大坂城二の丸において一男を生む。拾と名づく。 九月一日、父浅井長政のために二一回忌供養を営む。 この冬、疱瘡を患らう。
同　三	一五九四	二八	五月、亡父母の菩提をとむらうため、京都に養源院を建立し、浅井亮親の次男成伯を開基となす。一二月、伏見城西の丸に移る。西の丸殿と呼ばる。
慶長　元	一五九六	三〇	一二月、お拾（四歳）を秀頼と名づく。
同　二	一五九七	三一	九月、秀頼（五歳）京都の新第に移る。これに従う。 この年、勅して養源院の住職成伯に紫衣を賜う。
同　三	一五九八	三二	この年、秀吉に従い、醍醐三宝院に桜花を観る。 八月一八日、秀吉、伏見城に病死す。享年六二。
同　四	一五九九	三三	正月、秀頼（七歳）を伴ない、大坂城西の丸に入る。
同　五	一六〇〇	三四	九月一五日、関ケ原合戦。石田三成敗死し、徳川家康兵馬の権を握る。

同　六	一六〇一	三五	三月、秀頼（九歳）正二位・権大納言となる。
同　八	一六〇三	三七	二月、家康征夷大将軍に任ぜらる。 四月、秀頼（一一歳）内大臣に進む。 七月、徳川秀忠の娘千姫、秀頼に嫁す。
同　九	一六〇四	三八	六月、故羽柴秀勝の娘を養い、九条忠栄に嫁せしむ。 八月、豊国大明神臨時祭礼。
同　一〇	一六〇五	三九	四月、秀忠、征夷大将軍に任ず。 秀頼同月、右大臣に進む。
同　一三	一六〇八	四二	この年、秀頼（一六歳）、京都方広寺大仏殿の造営を家康より勧めらる。
同　一六	一六一一	四五	三月、秀頼（一九歳）、京都二条城において家康と会見す。
同　一九	一六一四	四八	七月二九日、方広寺鐘銘事件おこる。 一〇月一日、片桐且元大坂城を去る。大坂冬の陣おこる。
元和元	一六一五	四九	正月二二日、東西の和議成る。 三月、大坂夏の陣おこる。 五月八日、大坂落城。秀頼（二三歳）の死に殉ず。時に四九歳。
同　七	一六二一		この年、妹崇源院浅井氏（徳川秀忠の室）、養源院を再興す。

主要参考文献

『豊大閤真蹟集』　東京大学史料編纂所編　昭和一二年

『太閤書信』　桑田忠親著　昭和一八年　地人書館

『豊太閤の私的生活』　渡辺世祐著　昭和一四年　創元社

『豊臣秀吉』　桑田忠親著　昭和二三年　創元社

『大坂冬夏の陣』　栗田元次稿　昭和一四年　大日本戦史第三巻　三教書院

著者略歴

明治三十五年生れ
大正十五年国学院大学国文学科卒業
東京大学史料編纂官補、国学院大学教授を歴任
文学博士
昭和六十二年没
主要著書
流浪将軍足利義昭　乱世に生きる女たち　太閤の手紙　武将と茶道　定本千利休

人物叢書　新装版

淀君

一九五八年（昭和三十三）十月二十日　第一版第一刷発行
一九八五年（昭和六十）六月　一日　新装版第一刷発行
二〇〇二年（平成十四）五月　一日　新装版第五刷発行

著者　桑田忠親（くわたただちか）
編集者　日本歴史学会
代表者　平野邦雄
発行者　林　英男
発行所　株式会社吉川弘文館
東京都文京区本郷七丁目二番八号
郵便番号一一三―〇〇三三
電話〇三―三八一三―九一五一〈代表〉
振替口座〇〇一〇〇―五―二四四
印刷＝平文社　製本＝ナショナル製本

『人物叢書』（新装版）刊行のことば

人物叢書は、個人が埋没された歴史書が盛行した時代に、「歴史を動かすものは人間である。個人の伝記が明らかにされないで、歴史の叙述は完全であり得ない」という信念のもとに、専門学者に執筆を依頼し、日本歴史学会が編集し、吉川弘文館が刊行した一大伝記集である。

幸いに読書界の支持を得て、百冊刊行の折には菊池寛賞を授けられる栄誉に浴した。

しかし発行以来すでに四半世紀を経過し、長期品切れ本が増加し、読書界の要望にそい得ない状態にもなったので、この際既刊本の体裁を一新して再編成し、定期的に配本できるような方策をとることにした。既刊本は一八四冊であるが、まだ未刊である重要人物の伝記についても鋭意刊行を進める方針であり、その体裁も新形式をとることとした。

こうして刊行当初の精神に思いを致し、人物叢書を蘇らせようとするのが、今回の企図である。大方のご支援を得ることができれば幸せである。

昭和六十年五月

日本歴史学会
代表者 坂本太郎

〈オンデマンド版〉
淀　君

人物叢書　新装版

2021年（令和3）10月1日　発行

著　者　桑田忠親（くわたただちか）
編集者　日本歴史学会
代表者　藤田　覚
発行者　吉川道郎
発行所　株式会社　吉川弘文館
〒113-0033　東京都文京区本郷7丁目2番8号
TEL　03-3813-9151〈代表〉
URL　http://www.yoshikawa-k.co.jp/

印刷・製本　大日本印刷株式会社

桑田忠親（1902～1987）

ISBN978-4-642-75004-2